U0585520

如果我们错了呢？

［美］查克·克洛斯特曼（Chuck Klosterman）————著　　裴剑清————译

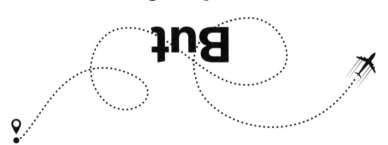

湖南科学技术出版社　　博集天卷　CS·BOOKY

　　这不是一本散文集。

　　这本书看起来可能像散文集，同时读起来也有散文的意味。但是，这却不是本书的目的所在。

　　很显然，无论你如何选择，都可以读这本书。我无法要求人们按顺序来读，我也无法阻止他们跳读，或者以他们想要的疯狂模式随意翻阅其中的一些章节。你可以从后往前读，如果你喜欢这样做的话。但是，如果你从前往后读，这本书会显得更言之有理些。

　　这不是一本散文集。

致塞勒斯和霍普

如果你觉得我所说的内容言之有理的话，那么我就彻底失败了。

——1964 年，亚瑟·C. 克拉克（Arthur C. Clarke）试图诠释世界在 2000 年可能呈现的面貌时所说的话。

目录
Contents

But
What If
We're Wrong ?

序言
但是如果我们错了呢?

我这辈子大部分时光都在错误中虚度。

当然不是在所有事情上都会犯错。但大部分情况下却是如此。

我的意思是，有时候我也会做正确的事情。和对的人结了婚，从不把人寿保险当作一种投资来购买。周一晚上的那场橄榄球赛上，落选的自由球员托尼·罗莫（Tony Romo）在对抗巨人队时第一次触地得分，那时，我就和室友说："我认为这个人将会有一份体面的职业。"在 2008 年跨年派对上，我预言迈克尔·杰克逊（Michael Jackson）在接下来 12 个月内意外离世。我将会在余生所参加的每一次新年派对上随口讲述这段逸事。但是也有例外。我很容易就可以罗列出一大堆自己犯的错：我坚持不要手机。我曾用 100 美元赌 1 美元，打赌贝拉克·奥巴马（Barack Obama）不会成为总统（甚至不会获得民主党提名）。我曾花三周的时间沉迷于迫在眉睫的千年虫危机（Y2K crisis），在一居室内囤积了大量现金、瓶装水、奥利奥饼干。就这点而言，我所犯的错误并未使自己感到诧异。这几乎在我的预料之内。无论何时人们告诉我做错了什么，我可能会在交谈中不愿承认，但是，在我的心中，我确信他们言之有理，即使相对而言我确信他们也是错的。

但这些失败只能算得上是虾兵蟹将。

这些都是个体在刹那间所犯的错：我认为答案是"A"，但正确答案却是"B"或"C"或"D"。双方理由充分，无法苟同不可知的内容，随着时间的推移，一方则会比另一方更有理有据。风险不高。如果我在某个特定事情上犯了错，这（往往）是我自己错了，另一个人（通常，而非全部）是对的。

但是如果在某些事上我们都犯错了会怎样呢？

如果一些被广泛接受、已经内化且毋庸置疑的观点错了，那会怎样呢？这些观点已经根深蒂固于集体意识之中，以至动一动它们不是对的这样的念头似乎都是件愚蠢的事情。有时这样的问题似乎也只有小孩会问了，毕竟孩子尚未受到舆论和常识压力的蒙蔽。在知识上，产生无法避免的悖论并不是和谐之音：如果你问任何一个聪明人是否相信当今一些被大众文化广泛接受的主流观点最终将会被证明是错误的，他或者她会说"当然。肯定会有的。自人类历史拉开序幕之时，但凡存在过的每一代人都经历过这样的事情"。然而，你要是给这些人提供一长串涵盖当今观点的清单，问他们哪些会出现上述情况，他们会倾向于表示一个也没有。

对于那些我们拒绝回答的问题，我们是无法进行论证的。那些问题可都是重量级的。

和绝大多数人一样，我认为自己是持怀疑态度的人。然而，我也深受重力影响。大多数人把这种自然之力视为一切的中心环节，是我们理解其他事物的核心。如果某种论证运行自如，但与该重力原理相悖，那么人们必然会加以修改，确保不悖。我并非一位物理学家的事实使得我完全向重力臣服，因为我相信就算到我死的那天这也是正确无误的（如果那时某人把我的尸体从窗户抛出，我也相信它会以 9.8 m/s^2 的加速度下降）。

很可能，我是错的。

可能不是完全错了，而是部分有误。也可能现在没错，但最终有误。

"很可能我们如今对重力的理解与 500 年后人们的理解完全不一样。实际上，我认为现在的绝大多数证据都是推测出来的，将来我们眼中的重力会大为不同。"这两句话出自哥伦比亚大学理论物理学家布赖恩·格林（Brian Greene）之口，他在一本名为《时间边缘的伊卡洛斯》（*Icarus at the Edge of Time*）的书中提到过这么几句话。他是一位知名物理学家，在哥伦比亚广播公司（CBS）出品的情景喜剧《生活大爆炸》中做过客串。"200 年来，艾萨克·牛顿（Isaac Newton）的地心引力说一直被众人所接受，直到 1907 年，我们对地心引力的看法才有所改变。随后，从 1907 年到 1915 年，受爱因斯坦的影响，我们彻底改变了对重力的理解：重力不仅仅是一种力，而会扭曲时空。现在，我们意识到，如何描述极短距离内的重力已经受到量子力学的影响。因此，这种理解真正始于 20 世纪 80 年代，有关重力在微观领域如何运行的新观点也开始兴起。弦理论随即问世，试图解释重力在小范围内是如何运转的，对弦理论的描述可以等同于量子引力论（quantum theory of gravity）（虽然我们也不知道这样的描述正确与否）。这就需要额外空间维度。因此，对重力的理解开始直接影响我们对现实的理解。现在有一群人受到新发现的启发开始试着重新审视重力本身这个问题。他们怀疑，重力甚至可能都算不上一种基本力，而是一种外显力[1]。虽然对此我不敢苟同，但我认为，在我们所有的概念中，至少重力这个概念是最不稳定的，是最容易发生重大变化的。"

如果这些内容令你困惑，别担心——我坐在格林办公室中听他向我解释之时就已经犯迷糊了（他向我解释了两遍）。这里涵盖了物理学和数学的重要内容，但是无论我读了多少相关内容，投入了多少时间，我对这些内容在功能方式上的运作仍是一窍不通。后重力世界已然超出我个人的理解范围。然而，后重力世界的概念却有助于我思考其他内容：它让我领会了后重力时代。在我看来，这里的后重力时代并非是从 1687 年牛顿原理出版发行之日开始算起，甚至也不是从（据称）伽利略于 16 世纪晚期在比萨斜塔上扔球（无意间激发了靛蓝女孩的创作灵感）开始计算。当这些事件发生之时，重力概念早已在科学的上空飘浮而过。虽然没有人一锤定音，但是数学界早已知道地球在椭圆轨道上绕着太阳转（并且有某种事物促使这件事情发生）。大约在 400 年前，数学界就有这种想法了。我更加迷恋重力概念引入之前的 400 年，那时人们的生活是什么样的。当时，人们对

---

[1] 这也就是说，重力很可能只是其他力的一种表现形式而已，其本身不是力，只能算是另一种物质的外在结果。格林用温度做了类比：在大热天，我们的肌肤会感到热，但是这个"热"并非自身可独立存在之物。"热"只是看不见的原子在我们周围快速运动的结果，从而使人们感受到了温度。我们可以感受到热，但它却并非真实存在。如果重力是一种外显力的话，那么这就意味着重力并非把物体拉向地球的中心力量，而是我们尚无法解释的其他某种事物的外在结果而已。我们可以感觉到，但它并非真正存在。这样一来，整个重力观念只不过是种语义结构而已。

物体不会自发浮动的原因的最佳理解源于 1,000 多年前 [1] 亚里士多德
（Aristotle）所提出的理论：他认为，一切物体均想回归至其"自然
位置"，即宇宙的中心，而宇宙的中心就是地球。换而言之，在亚里
士多德看来，一块石头落地是因为石头属于地球，想回归地球。

　　因此，让我们来探讨一下这种巨大转变：亚里士多德（可能是迄
今为止最伟大的哲学家）写了一本名为《物理学》的书来阐明他的观
点。在大约 2,000 年的时间里，他的观点从未受到过质疑。牛顿（历
史上最重要的数学家，即使在他所处的时代也是如此）看到了一个杜
撰的苹果从一棵杜撰的树上掉了下来，进而颠覆了全人类对于世界如
何运行的观念。要是向那些 14 世纪对科学一无所知的人进行解释的
话（换言之，也就是除牛顿之外生活于 14 世纪的所有人），或许可以
做如下解释（这种解释的方式要比他们那时所相信的内容更为疯狂）：
牛顿并不会宣称现实是由地球存在所定义的，也不会表明石头表现得
像石头是由其本质所决定，他只会提出一种看不见、摸不着的却能把
月亮固定在特定位置的力场的观点。

　　现在我们知道（"知道"）牛顿所提出的概念并不正确。人类已经
在客观上犯了近 2,000 年的错误。这引发了如下三个半相关问题：

　　● **如果人类把错误信以为真长达 2,000 年之久，那么为什么
我们就断定现在所理解的重力（也就只有区区 350 年的历史）会永
远正确呢？**

　　● **会不会这种类型的问题已经得以解决？如果牛顿的回答真的**

---

[1] 这里推算的时间点为从重力概念引入之前的 400 年。——译者注

（或多或少）是最终答案，而且仅仅是我们所需的唯一答案，那又会怎样呢？因为，如果这是真的，也就意味着我们已经走到了过程的尽头，已经对存在的经历下了定义。也就是说，特定的知识性探索不再必不可少。

● 以下两种声明哪一个更言之有理：一个是"我相信重力是存在的"；另一个是"我对重力存在的确信度达 99.9%"？当然，第二种声明更保险一些。即使重力错误的概率微乎其微，但是如果承认了这一点，我们也就差不多认为不可能存在正确无疑的事情。

有家很受欢迎的售书网站（如果你想购买这本书，那么通过搜索会发现你有四成把握可以从这家网站订到这本书），虽然该书的销售量约占全网销售量的 7%，但是书籍是该公司的主要商品，也是其知名所在。该网站成功的部分原因在于其内容是由用户生成的。消费者有机会在此对自己购买的各种书籍进行评论，即使实际上他们并不会购买自己抨击的书籍。这点超神奇，尤其是如果你想读读有关赫尔曼·梅尔维尔（Herman Melville）《白鲸》（Moby-Dick）的一星级负面书评的话。

"华而不实、盛气凌人、自我放纵、令人厌恶。这是我读过的最糟糕的一本书。"2014 年一位不满意的读者这样写道，"叙述苍白、结构错乱、情节残缺，四分之三的篇幅毫不相干，作者自己都被书中角色弄得迷迷糊糊。其中一整章全在叙述鲸没有鼻子这个事实。另一章则在讲白色的鲸。"有趣的是，这位读者唯一购买的一个产品则是可以发送传真的惠普打印机，他给出了两星级的评价。

这个人对《白鲸》的厌恶之情，我无法辩驳。我确信他的确不喜欢读这本书。但是他选择在公共场合陈述自己的观点（完全缺乏评论语境，除非你对他对惠普打印机的评价还有所期望）比其所发表意见本身更有意义。对《白鲸》的公然批判可以简化为我们公开相信艺术从根本上讲是备受质疑的。虽然品位具有主观色彩，但是一些主观看法却和我们对数学或科学原则的表述方法如出一辙。这场正在进行的文化辩论并非讨论《白鲸》的价值所在：这不仅是一部史诗小说，更是文学创新的转型之作，有助于定义人们是如何看待小说的。任何有关"美国伟大小说"这一老套概念的讨论都始于这本书。这部作品本身并未无可非议，但是个人评论影响不大；就这点而言，对《白鲸》的公然抨击仅仅折射出评论者的逆向思维。我们都是始于以下这种假设，即《白鲸》被视为一部不言而喻的杰出作品，其中包括（尤其是）那些对此持异议的人。

那么这是如何发生的呢？

梅尔维尔于 1851 年出版了《白鲸》这本书，该故事以 1839 年一头别名为"莫桥·帝克（Mocha Dick）"的杀人抹香鲸为基础，最初的英文版长达 900 页。在这本书发行之际，梅尔维尔已经是一位还算成功的作家，他认为这本书会立刻被视为杰作。在创作过程中，他就按照这样的意图进行预设。然而，评论混杂，受到藐视（"它令读者反胃"，这也使得它与伦敦《旁观者》首家评论无缘）。该书销售惨淡——梅尔维尔去世之时，其总发行量还未突破 5,000 本。失败毁掉了梅尔维尔的生活：他成了个酒鬼诗人，最后沦为一名海关稽查员。1891 年他去世之时仍旧一贫如洗。那时，有人认为梅尔维尔对于《白鲸》这本书的看法可以用如下几句话来概括："那么，我想这并未奏效。很可能我应该花更多篇幅用于向人们讲述如何把结打得复杂些。"在接下来的 30 年中，人们对于本书的观念没有丝毫改变。然而，一战爆发了——其中缘由完全无法解释清楚 [1]——成长于战后美国的现代主义者开始从不同的维度思考文学问题。梅尔维尔开始复苏。一部小说的构成要素向他所指导的方向发生转变，并且随着每代人的延续逐步放大，最终促使人们（如 2005 年哥伦比亚大学美国研究项目部主任这样的人）把《白鲸》纳入"迄今为止美国作家所构思出的最为宏大的书"。专家和狂热者对此持反对意见，但是没人关心他们会不会这样做。梅尔维尔在历史上的地位无法撼动，他似乎是一位开拓者、发明者：2010 年，当一头史前掠夺成性的无名之鲸的残骸在秘鲁被发现时，这头巨兽最终被命名为"梅氏利维坦鲸（Livyatan melvillei）"。在梅尔维尔逝世百年后，为了向这本在商业上惨败的书表示敬意，人们以他的名字为这种灭绝的巨鲸命名。作家真是一个有趣的职业。

现在，集体、客观错误（比如，在 20 世纪，人们对重力存在错误认知）和集体、主观错误之间存在明显差异（例如，人们对《白鲸》的冷漠长达 75 年），转变的方式却截然不同。然而，两者均对现实实践和现代问题做出了暗示。现实实践是指世界的现实形式都是飘忽不定的。目前我们（无论从客观上还是主观上）认为是真的东西都是暂时的。但是，现在问题在于重新思考那些信以为"真"的事情

---

[1] 可以说，这次重新发现的促成要素是可以被量化的：水手所体会到的隔离感和兄弟情谊在战争经历中得以折射，与那头不知名的邪恶巨鲸作战则被看成与邪恶德国战斗的隐喻。然而，事实上，这些可以罗列出的细节并不足以解释《白鲸》一举成为特定小说的原因。适合这一角色的并非只有《白鲸》这本书。

变得日益困难。表面看来，质疑现状变得更容易：每个人都有平台去评论《白鲸》（或者，一台普通的惠普打印机）。如果在温尼伯有个恶贯满盈的物理学家不相信重力的存在，那么他可以自己出版一本简述其论点的书，这本书所获得的读者可能比《自然哲学的数学原理》（*Principia*）问世后第一个百年内所吸引的读者要多。但是，提升重新思考这些观点的能力和改变这些观点（甚至允许这些观点依据势头自我改变）并不是同一回事。

在我们身处的时代，几乎没有内容会被遗漏，差不多所有内容都被共享。当前每一种思想都含有巨大的信息量，这也使得这些概念很难受到反驳，尤其是在公众舆论已经成为有效与否的终极仲裁者的框架之下。换句话来讲，我们开始表现为自己已然对所有人类知识了然于胸。虽然这种观念必错无疑，但是它所产生的那种确信感则使人麻痹大意。

在《我们为什么会犯错？》（*Being Wrong*）这本书中，作者凯瑟琳·舒尔茨（Kathryn Schulz）花了几页篇幅着重探讨了"素朴实在论（naïve realism）"概念。舒尔茨写道，虽然很少有人从意识层面上拥护素朴实在论，但是"这并不意味着不存在素朴实在论者"。在这方面，我将比舒尔茨研究得更深入些。我怀疑，绝大多数传统的聪明人都是素朴实在论者。我认为很可能它就是本时代知识品质的定义所在。素朴实在论的直白定义似乎并不是那么稀奇古怪：它是一种理论，该理论认为世界就是其所呈现的那副面貌。很显然，该观点为人们犯大错误制造了不少机会（例如，"太阳似乎是在天空中移动，因此太阳一定是围着地球转的"）。但是，我个人对素朴实在论所做的界定则更广泛、更隐秘些。在我看来，素朴实在论表现出如下两种根深蒂固的信条：

1."在我考虑任何问题的时候，一旦遇到把无从考证的数据视为荒谬之物而排除在外时，我必须保持理性、思路清晰。"2."当我思考任何问题的时候，我要假设现在所掌握的信息是将来能够用到的所有信息。"

举个极端案例：来世的可能性。当我们理性思考这个问题时，没有任何理由相信在他或她逝世之后会发生些什么。对于虚无的未来，我们并无合理的反驳。任何像"向白光飘去"、莎莉·麦克琳（Shirley MacLaine）在亚特兰蒂斯的前世今生、《天堂真的存在》（*Heaven is for Real*）这样的奇闻逸事都会下意识地（理所当然地）被所有世俗的知识分子弃置一旁。然而，这种纯逻辑姿态使得压倒一切的可能性（现在我们对人生经历的严肃性毫不知情，对这种经历的终极结论也是一无所知）大打折扣。我们对于能量为何物、转换方式和（既无法被创造又无法被毁灭的）能量存在原因知之甚少。即使（可能）已经生活在其中一个维度之中，我们也无法真正构思出多维度的现实。我们对意识的理解很狭隘片面。我们对意识、时间的感知以及所有时间同时发生的可能性的理解都很有限。因此，虽然认真思考来世的可能性似乎是件虚无缥缈的事情，但是意识到我们现在对这种现象的理解却远远未画上句号也同样是素朴实在的。对于什么是我们所不知的，什么是我们将学到的、什么又是真的（尽管长久以来我们一直都未能明白这种"真"是什么）这些内容，我们全然无知。

除非今天变成了明天，否则我们无法理解今天的世界。

　　这并非明智之见，只有傻子才会反对。但是，值得注意的是，人们对真理受忽视的现象已经习以为常。我们常常假装自己当下的看法在将来并不会显得愚蠢可笑，仅仅因为除此之外别无他选。但是，我们是有第二种选择的，这便是：我们必须从这个前提开始（十有八九是这样），即我们已经错了。这种"错误"并非检查出问题和得出不正确结论时的那种错误，因为我们所做出的绝大多数决定都是合乎逻辑、有条不紊的。关键在于这问题本身。

But
What If
We're Wrong ❓

简要论证一下为何这本书无可救药
（简要论证一下为何可能不是如此）

我上六年级时教室里有个图书角，其中大多数书都没人翻看。但是有一本书却在所有孩子的手中传了个遍。这本书名为《目录之书》（The Book of Lists）出版于1977年，篇幅长达521页，是本人类年鉴，由三名作家。大卫·沃利金斯基（David Wallechinsky）和其姐姐艾米（Amy）、爸爸欧文——编辑而成。这本书本身并不是供你阅读的，你只需随意翻阅，试着记住点在真相核查过程中未受阻碍的桃色消息。我仍然记得书中列举了一些著名的同性恋，其中包括三名摇滚乐手——珍妮丝·贾普林（Janis Joplin）、艾尔顿·约翰（Elton John）、大卫·鲍伊（David Bowie），最后这位男士娶了老婆，他的婚姻竟然维系了20多年。该书续篇分别于1980年和1983年出版发行。然而，那时我并未意识到，《目录之书》的作者也在1980年出版了一本类似的作品，书名为《预言之书》（The Book of Predictions）。20世纪90年代末期，我在一位友人的客厅里偶然发现了这本书，我这位朋友喜欢在喝醉时买一些奇奇怪怪的绝版书来细细品味。和之前那本更为著名的《目录之书》一样，《预言之书》对自身介绍如下：未来学家和科学家（以及有些发狂的通灵者）对地球未来50年的生命做了非系统性的预测。

如今，人们鲜少提及《预言之书》，即使提到这本书，嘲弄的意味无法避免——最吸睛的预言往往愚蠢至极。事实证明，忌妒的宇航员在外太空行凶杀人这件事子虚乌有。F. 李·贝利（F. Lee Bailey）曾预言这起凶杀案会发生于 1990 年（这要比贝利曾为一位心存忌妒的名人开脱时所说的话听起来更令人信服些，他曾表示这位名人跑回地球是为了一桩 1994 年的地球杀人案）。按照一位人口专家保罗·埃尔利希博士（Dr. Paul Ehrlich）所言，如今我们是无法体验到反乌托邦式的梦境。在此梦境中，"幸存者羡慕已死之人"，只有在我浏览推特（Twitter）时才会觉得这种说法似乎的确不假。然而，这本书中的一些预言却很美好：一些观测者精准地预算出世界人口在 2010年将达到约 70 亿。一小部分技术专家针对即将到来的全球计算机网络所做的预测恰到好处。一位英国音乐学者查理·吉列（Charlie Gillett）以创作出第一本摇滚乐通史——《城市之声：1970》（*1970's The Sound of the City*）而广为人知，他以某种方式细致地刻画出音乐产业衰败细节（当时他还不知道将来会出现 MP3 和文件共享）。[1]考虑到推测一年后发生的事情都很困难，对 50 年后发生的事情做任何沾点边的预测都可以算得上成功。

但是，《预言之书》最富有指导意义的内容并非是那些被证明是正确的事情，而是那些原来被推测错、在出版之时却显得无可非议的事情（有些甚至还极富建设性）。这些合理的失败都有一个共同特

---

[1] "购买唱片的时日所剩无几，"吉列说道，"目前过程低效累赘且价格高昂，音乐家把自己的声音转换成磁带，其他人则把磁带转换成光盘，分发出售唱片的全过程乱成一片，把多余的退货再用船运回仓库……"

质，即缺乏认知现状只是暂时的能力。《预言之书》发行于 1980 年，这也就意味着并没有预测到这样的世界，即美国和苏联并未处在战争的风口浪尖。实际上，每个涉及全球政治未来走势的看法要么关注（1）两国间咄咄逼人的核冲突事件，（2）要么则侧重苏联和别国之间的结盟。美国和俄国间的摩擦在不用引爆核武器的前提下便可化解，这点没有人在《预言之书》中推测到。任何一个来自 1980 年的人在思考未来的人际沟通时都会遇到一个类似的问题：即使在不久的将来，手机会大量普及（日本早在 1979 年就已经拥有手机网络），人们也无法想象手机将取代传统固定电话。一切关乎人类交际手段的设想都受到局限，即认为固定电话会一直是最好的沟通工具。在书的第 29 页，越来越多的人推测美国人拨打长途电话的年均数量，这种问题在免费通话时代已经无关紧要。但是，近 20 年来，该问题却仍旧重要。20 世纪 90 年代初我还是一名大学生的时候，就知道几对异地恋就是因为双方去了不同学校无法负担起长途电话费而泡汤。1994 年，人们无法想象，从密歇根到得克萨斯，一小时的通话时长所需要的电话费比寄一封信的价格还要低。这也就是为什么没有人在 1980 年提到这点的原因所在。

对往昔的洞察使另一个问题凸显出来：我的论证需要一名"成功的"未来主义者去预测一下那些无法被预测到的事情。这无异于要求一个人按指令自发行动。然而，这里仍有一节实践课程，或者说至少有一个实际想法：即使不可预知之事无法预测，但也可能对未来现实（在未来现实中最富逻辑的结论与正发生的事情并不相关）进行规划。这样去想有些尴尬，因为这种想法默认非理性存在。当然，非理性轨迹总是发生。这里摘录了 1948 年《科学文摘》(*Science Digest*)中的一句话:"环绕并登陆月球给人类带来许多严重问题,这使得人类不得不再花上个 200 年的时间用科学去解决这些问题。"该预测随后便破灭了。但是,《科学文摘》错误之因不在于技术,而在于动机。1948 年,探月之旅仅是一种科学抱负,登月的愿望类似于攀爬一座海拔未知的高山。《科学文摘》认为,该目标可以通过传统科学探索方式得以实现——对理论制定和假说检测进行不断打磨。然而,1957 年苏联发射第一颗人造卫星之时,该事业的意义已发生改变。美国人开始恐慌起来,忽然意识到赫鲁晓夫会从月球表面发射武器。大家原本想先到达月球的愿望沦为了现在的军事担忧(开始担心社会文化的潜在含义,即在智力和道德方面哪个国家更胜一筹)。这促使人们加速进程。到 1969 年夏,我们便在月球上插上国旗,采集石头,制造出全新一轮阴谋论。因此,并非 1948 年《科学文摘》的编辑逻辑混乱,而是逻辑,尤其在将其运用于未来之时,无法行得通。

任何时候,只要你向警察(律师或者记者)提及某种根本无法解决的谜团之时,你免不了会陷入奥卡姆剃刀定律(Occam's Razor)这一概念之中:

这是一种哲学论辩,该论辩认为,最好的假说涉及的假定最少。

(例如,)如果你正在讨论约翰·F. 肯尼迪(John F. Kennedy)遇刺一事,奥卡姆则支持李·哈维·奥斯瓦尔德(Lee Harvey Oswald)独自行动的观点——这是最简单、最清晰的结论,所涉及的不定因素最少。这就是一位严肃之人如何运用奥卡姆剃刀定律来思考过去,但是该定律无法适用于对未来的预估。当你凝视笼罩在阴霾之

下的遥远明天时，一切皆是假设。诚然，其中一些互相矛盾的假设似乎（或者看起来）比另一些更有道理。但是，我们却生活在一个完全不合理的世界之中。在思想的长河中，失败多于成功。溯及既往，我们都会承认这一事实。因此，为了继续前行，我们被迫采取一种截然不同的思维方式。由于还没找到更合适的词语，我们暂且称之克洛斯特曼剃刀定律：

这种哲学信仰认为，最佳的假设是以反射性地接受潜在错误为起始。

But
What If
We're Wrong

（注定）
被封存的离奇古卷

让我们先从书开始说起。

现在我知道做这个决定存在一定的风险：当我提出的问题得以解决之时，很可能书也就不复存在了。有人会认为，这种必然性近乎可能。但我无论如何都会从书开始谈起，原因有二。一方面，我现在所写的就是一本书，如果所有的书都消失的话，那么我的错误就不会被人发现；另一方面，我在想我们总会用"书"这个词去指代某些内容，即使所指代的新事物和我们如今所说的"书"没有任何关系可言。

语言比内容更能够久存于世。词语比含义更可以经久不衰。虽然，在 2015 年，黑胶唱片（Vinyl）占据音乐销售份额的 6%，但是人们无论何时谈及自己所收藏的音乐时，仍旧会说自己在听唱片、听专辑，（极少数情况下）会说自己在听密纹唱片。对那些从没用过黑胶唱片进行录制的音乐来讲也是如此。直至 1948 年，所谓的密纹唱片才进入公众视野，到了 20 世纪 60 年代才开始市场化，然而整个概念仍旧用"唱片"这个词来描述。由于书的历史比前者更为悠久 [大约在公元前 2000 年，《吉尔伽美什史诗》（*The Epic of Gilgames*）就已问世]，即使将来"书"沦为一组粒状数据，直接注入人的大脑皮层，我们很可能仍旧会使用这个词。我们也有许多与"书"相关的辅助形容，比如"他只会读书""她是个书虫""连猪都不会放过他"[1]。许多人把纸质书当作艺术品放在家中，要想让美国国会图书馆从地球上消失，恐怕只有用原子弹才行。虽然可能在遥远的未来没有人会买书、看书，但是我们可以（暂且）假设一番：那个时代的人们至少会知道"书"为何物，即书是囊括作家所写内容的集合体。因此，即使将来的作家可能不会创作出现在意义上的书，社会仍然会用"书"去指代他们所创作出来的作品。

（我想向大家保证，本书的余下内容不会像前两段那样繁杂冗长、没完没了。我相信自己不会洋洋洒洒地写下数千字仅仅为了解释为何各种名词不会在文化的碰撞中消失殆尽。很可能，从现在开始我会花200页的篇幅向大家描述"食物"为何物，向大家解释食物是一种我们放在嘴里用于驱除饥饿的东西，并且认为我们将来所说的食物和现在所说的并无二致。这点无法向大家保证。当然，值得宽慰的是，大家可以随时随地将此书扔在一旁，而我却不得不笔耕不辍。）

在本书的前几页，我曾提到了一个最典型的例子，即《白鲸》这本书，用于证明人们对书是完全存在误解的，至少在作者生前如此。但是这并不意味着没有人认为这是本好书，因为确实有一些人这样认为。但这并非重点所在。这并不牵扯到个人品位问题。在

---

[1] 英文原文为"The pigs are gonna throw the book at him"。在英语中"throw the book at sb"表示对某人严惩不贷的意思。——译者注

1851 年，人们对《白鲸》这本书的观点与现今的观点毫不相关。19 世纪的评论家所犯的错误并非是没有读过这本书，而是在其他人对这本书如何评定方面产生了误解。因为，每当我们分析过去时都会提及上述内容。同时，当我提到"其他人"时，我并非特指 1851 年的文学领域，而是贯穿整个时间轴，包括那些 1851 年的评论家无法触及的读者。这就驱使我们去考虑故事结构的重要性或非重要性。

《白鲸》讲述的是一个男人捕鲸的故事。这部小说涵盖了赫尔曼·梅尔维尔在捕鲸船上工作时的亲身经历，因此有人断定，要不是梅尔维尔在船上获得了一手资料，恐怕写不出如此细致入微、入木三分的小说。然而，倘若梅尔维尔过着另一种截然不同的生活那会怎样呢？他会不会写一本长达 900 页的书，向大家讲述捕熊的故事？或者写一本关于爬山的书？抑或写一本关于男妓的书？这部小说中所蕴含的杰出的社会特征与其机械化的调查之间有多少相关性呢？

简而言之，一本小说中的特定主旨无足轻重。一条鲸、一头熊以及一座山之间的差异性微不足道。基调更为重要，尤其是，在创作过程中那种刹那间摆脱社会束缚的能力。

"这种想法很恐怖，"乔治·桑德斯（George Saunders）对我说道，"那些我们一贯认为优秀文学作品不可或缺的因素很可能已经缺位。当你阅读一则来自 20 世纪 30 年代的'好'故事时，会发现世界已经将它弃置一旁。其内部运作和所强调的重点内容已经扭曲变形，以其语调和形式所回答的问题已经不再被我们所提出。高斯曲线

（Gaussian curve）[1] 认为这就是事实——我们中的绝大多数已经安于现状，我们的所作所为会逐渐消逝，失去效力，最终沦为历史遗迹。最近，我读了不少与内战相关的历史。令我震惊的是，几乎每个人都会犯错。即使那些曾经是'对'的人也会在事件如何寿终正寝方面偏离轨道。我们的未来难以预知、无法想象，即便对于当下绝大多数顶级思想家和作家亦是如此。"

在当下，桑德斯作品中的洞察力决定了他在此次讨论中举足轻重的地位。《纽约时报杂志》（ _The New York Times Magazine_ ）曾于2013年1月发表了一篇封面故事，其标题一目了然，即"乔治·桑德斯写了本年度你可以读到的最好的一本书"。这本名为《十二月十日》的书是一本带有黑色幽默色彩的短篇小说集，其中多则故事涉及善意的精髓与移情应用等方面的问题。虽然受到全球共同爱戴的作家根本不存在，但是桑德斯在这方面却比其他任何一个美国白人作家更进一步。他从未出版过一部官方小说，这却对他有益无害，他事业方面的洞察力并未受到任何一部特定作品的局限。所有与他接触过的人都（有正当理由）认为他是一个极其谦逊、格外友好的人。[2] 因此，当《纽约时报杂志》发表了这篇封面故事之时，当《十二月十日》后

---

[1] 这是一条传统的钟形曲线（bell curve）。"高斯"是提出此曲线的数学家，其全名为卡尔·弗里德里奇·高斯（Carl Friedrich Gauss）。

[2] 我曾经在中西部大学（Midwestern University）发表过一次演讲。我向前来机场接我的司机询问这所大学以前请了哪些作家来演讲。司机提到了乔治·桑德斯。我问司机乔治·桑德斯是个什么样的人。司机表示，在来学校演讲前，他就用谷歌搜索了此次陪同他访学的所有人员，包括司机本人。因此，他在与周围人交谈过程中就可以避免过于片面化。他想问他们一些生活方面的问题。对此，我有些难以置信，但是这可能也证明我并非深思熟虑之人。

来成为畅销书之时，可以断言桑德斯可能、很可能成为美国最伟大的在世作家。身居此位的人是位无可非议的善良之士（而不是那个我们勉强承认比一般人稍微好点的笨蛋），这是件多么美好的事情。如果在21世纪之初乔治·桑德斯成为阐释美国作品的历史性人物，这样一来似乎对每位参与其中的人大有裨益。

然而，无法抗拒的是，此种观点稍纵即逝。一个做些不同寻常之事且被视为非凡之人的人要永远在文化层面占有一席之地，似乎是不可能的事情。艺术史从未这样运转过。事实上，似乎我们对那些令人震撼的天才的识别能力反而会使得未来群体将天才视为永恒的可能性受到局限。

"睿智、新颖或者仅仅个人化的观点处于何种（不足）阶段？"桑德斯继续说道，"无论如何，对于那些过时的内容，其自负过于扭曲，尚未对古老睿智揭竿而起，或者仅仅开始以一种自我放逐的赤诚对抗真理的内在观念。1863年的一些粗鲁之人极力重复着自吹自擂、自我保护、奸诈狡猾、迂腐老套的事情。在阅读林肯或者道格拉斯相关内容时，这些废话是多么空洞乏味。一想到这辈子我都在说些这样的话，我真的就开始担心起来。"

我想再次在此想象一下，桑德斯因其过分谦逊而受到嘉奖，我也希望他凭借自身纯喜剧天赋而获得回报。然而，我怀疑，未来并不会受到这两种品质的支配，而是会受到关乎一切、迂回演变的标准的控制。在我们为保护这些与现存群体息息相关的当代书籍所做的努力化为尘土、灰飞烟灭之时，开始思考作品自身品质已是无望之举。尽管品质在争论收尾之时举足轻重，但是在争论之初却并非如此。争论开始之时，未来世界将会是何种面貌则显得尤为重要。自那时起，你就会逆势而为。

2.

"我所能告诉你的是，百年之后的人们为我们这个时代所选出的百位优秀作家仍旧会像我们如今所选出的那样，都是异性恋的男性白人且单一文化，对此，我深表怀疑。"这是朱诺·迪亚斯（Junot Díaz）在一封电子邮件中所说的话。迪亚斯是位美国多米尼加裔小说家，曾是 2008 年普利策奖以及 2012 年麦克阿瑟天才奖得主。"坦率地讲，由于霸权主义所造成的盲点，对于现在所创造的艺术我们知之甚少、难以衡量。鉴于此，如今我们的评判标准并不公平，偏袒白人、男性、中产阶级、异性恋者、单一文化，和白人至上主义一并堕落腐化，这对于洞察、理解该领域所发生的事情百无一用。谁能怀疑未来将对此进行改进？毫无疑问，在被认为真正文学的边缘地带，未被公认的'卡夫卡们'正辛勤劳作。他们往往是穷人、妇女、同性恋或者有色人种。"

迪亚斯是一位夸夸其谈的知识分子，他涉猎范围广 [其处女作是关于一名超重怪人的故事，名为《奥斯卡·瓦奥短暂而奇妙的一生》（ *The Brief Wondrous Life of Oscar Wao* ），是 BBC 评选出的 21 世纪最伟大的小说]。迪亚斯看待社会的方式以及其刀枪不入的论证并未出乎意料，而是他的世界观不断引人入胜：在没有触及这些特定观点的时候，你无法从宏观角度探讨文学经典。《纽约时报》公布2014年百部值得关注图书榜单时，有几个读者注意到正好有25部男性写的小说、25部女性写的小说、25部男性写的非小说书籍和25部女性写的非小说书籍。这有什么问题吗？对此我毫无疑义。但是，这反映出现代量化艺术的评判标准：评选过程的核心为要保持代表的绝对对称性。这是一种审美优先原则。的确，我们正着手处理毫无意义的抽象问题——榜单被称为"值得关注的"（这与"最佳的"截然不同），某些作者与榜单制定者间的关系使得该评选趋于政治化。每年评选所强调的书籍昙花一现，其所包含的真实价值让人一头雾水。然而，随着出版业的日益紧缩、保守孤立，《纽约时报》的"百部值得关注的"榜单仍旧成为美国集体批判性鉴赏的标准。这也是按照男女比例完美地进行25∶25∶25∶25划分如此重要的原因所在。（如果表示）值得关注的小说中有26部出自女性之手，这难道就不可能吗？或者，会不会在这百部作品中有27部是男性作家写的？[1]我认为，一个客观、无性别的评判小组把2014年出版发行的所有书都看了个遍，并在《纽约时报》上得出了一致结论，这种可能性仅仅停留在理论上。完美的统计对称仅仅是种可能。但是，没有一位公正之士会认为确有其

---

[1] 事实上，在2015年的榜单中，确有其事——在小说和诗歌一栏中，有26部是女性作家所写，非小说作品中有27部则是由男性作家所创（尽管第二类构成中因包含死后才发表的男作家选集而变得复杂，这些选集由女性编辑而成）。这就未遵循该报政策中的对称原则。该榜单仅仅是一种势不可当的趋势，旨在减少某种一边倒的差异：《纽约时报》于2004年首次发布百部值得关注的书籍榜单，那时仅有5名女性在非小说类中榜上有名。

事。理性的人都知道这种对称只是为了良心所安，他们明白这个特定结果要么会使得榜单的真实价值稍微失效，要么会令榜单无形价值略有提高。（我认为也可能同时存在上述两种可能。）无论是哪种情况，有一件事却显而易见：对于何为经典的思考方向正在发生改变。迪亚斯曾被人感觉是"备胎"的观点如今正变得根深蒂固。一旦出现这种情况，某些关键性的结论便不再站得住脚。

让我们来假设一番：2112 年的某个人正在回首 21 世纪之初，试着推选出该时代最具影响力的作家。

让我们假设迪亚斯的关于当代文化的看法早已演化成标准观点，我们承认未来的人们理所应当地认为，旧的评判标准"失之偏颇，向白人、男性、中产阶级、异性恋者、单一文化倾斜"。当这种演化逐渐蔓延之时，有一种评判结果是不可能（将来也无法）发生的："你知道，我在浏览所有这些候选人时，便有意识地把性别、种族以及收入水平全部纳入思考范围之内。我努力采用一种在任何情况下都不会让主导阶级享有特殊待遇的方法。但是，你知道吗？这样做的结果却是，品钦（Pynchon）、德里罗（DeLillo）、弗兰岑（Franzen）这三位脱颖而出。事实上，巧合的是，他们都是白人男性作家，而且都是异性恋者。"**如果你把文化多样性视为重中之重，你则无法把金字塔顶端的人视为反动分子而排除在外，即使在一些你认为的不可能事件中（因为毫无疑问这类结论都会受到一些你可能从未意识到的社会力量的影响）**。以下可能性更是微乎其微，即某个时代 [例如我们这个时代的斯蒂芬·金（Stephen King）和 J.K. 罗琳（J. K. Rowling）] 最成功的作家背后的纯粹商业推力被视为对其历史地位有力支持的论据。如果你接受商业市场受人为影响而变得不均衡这个观点，那么巨大成功仅仅会使他们的地位岌岌可危。

这并非是对政治认同的批判（即使我知道人们会这么认为），这也不是试图减少那些从文化上与老作家风格迥异的新作家的作品数量（因为一切写作都具有主观性，且所有作家的重要性也都是凭主观判断的）。我并不是说这样发展下去有失公允，也不是表示不公平的新版本与旧版本相差无几。无论在何种情况之下，此类过程永远都没有公平可言。这就是现实政治：出于未来意识形态重新标定且后代视其为标准规范这一原因，过往的某事某物在遥远未来举足轻重的原因与其在创造之初便至关重要的原因没有丝毫瓜葛。因为书的存在，尤其是每年有超过 200 万本书出版发行，这些意识形态的转变难以预测。然而，推测一下为何在更受限制的电影中上演倒是轻而易举。以《黑客帝国》(The Matrix) 为例：1999 年，该影片首映时，票房大获成功，获得评论家们的好评。该影片具有两大特性：技术（它以三维"子弹时间"的数字技术为主线，在荧幕上动作静止而摄像机继续围绕参演者旋转）和哲学 [它作为一种观点的迷幻切入点。该观点认为，我们早已生活在一个模拟世界。这句话则直接从 1981 年哲学家让·鲍德里亚（Jean Baudrillard）出版的《拟像与仿真》(Simulacra and simulation) 摘录]。而绝大多数评论家都只关注其中一点。如果你现在讨论《黑客帝国》，那么很可能你仍旧会讨论这两大特性。但是，一旦技术沦为历史、哲学成为标准，这部影片又有何有趣之处呢？我做如下猜想：《黑客帝国》由沃卓斯基姐弟[1]共同编写、执导。1999 年，还是称为沃卓斯基兄弟，在我写这本书时"兄弟"已经变成了"姐妹。"在《黑客帝国》上映的第二年，哥哥沃卓斯基（原名为拉里，现改名为拉娜）变性成女人。2016 年春，弟弟沃卓斯基（原名为安迪，现改名为莉莉）公开宣布自己变性。在这些事件发生时，社会对变性问题的看法发生根本性的变化，这种变化要比现代社会其他任何要素的改变都要彻底。1999 年，在任何大众文化领域都不可能发现变性人的案例；而到 2014 年时，有一部关于变性人观念的电视剧获得了最佳电视剧金球奖。在这 15 年间，人际文明各个方面均未发生很大变化，但凯特琳·詹纳（Caitlyn Jenner）[原名布鲁斯·詹纳（Bruce Jenner）] 在推特上的跟帖者比总统还要多（几十年后，这种变化的重要性将显著增强——在不久的将来有位变性美国总统诞生，这也不是天方夜谭的事情）。因此，可以去想想那时人们对《黑客帝国》的印象会受到何种改变：在旷日持久的现实中，电影史学家将重新审视这部商业气息浓厚、由两位由男变女的变性人（那时人们对此一无所知）操刀的动作片。两个世界（一个构建的虚假世界和另一个潜藏的真实世界）的宇宙所蕴含的象征意

---

[1] 沃卓斯基兄弟（The Wachowski Brothers），是人们对美国著名兄弟导演安迪·沃卓斯基（Andy Wachowski）和拉里·沃卓斯基（Larry Wachowski）的称呼。这是因为他们电影作品的导演、编剧以及制片等常常都是由两人合作完成。其中他们共同导演的《黑客帝国》三部曲已经成为科幻电影的经典作品。拉里先一步于 2006 年变性，改名为拉娜·沃卓斯基（Lana Wachowski）。沃卓斯基兄弟也变为沃卓斯基姐弟（The Wachowskis）。随后，2016 年，弟弟安迪·沃卓斯基宣布变性，同时更名为莉莉·沃卓斯基（Lilly Wachowski）。沃卓斯基姐弟变为沃卓斯基姐妹。——译者注

义忽然间呈现出完全崭新的含义。游走于吞一颗蓝色药丸便处于虚拟状态和吃一颗红色药丸就面对真实自我这两者之间的人物将会成为一种截然不同的隐喻。从上述预测性的优势考虑，《黑客帝国》似乎是另一种完全不同类别的突破。它的深思性远远超过了其娱乐性，这也正是某些事物会在记忆中留存而另一些则会消逝的原因所在。

每当我们试图把当前列为过去式来思考的时候，就应该这样去考虑：必须运用尚未成文的未来价值来分析当前。 在我们争论如今所鉴赏的内容是否值得被未来世界纳入其中之前，应该在脑海中先构筑起未来世界。（即使借助药物麻醉自己）这并不是件容易的事情。然而，它也并非最艰难之处。最困难的地方是接受那些正在构建却尚未存在的部分。

3.

历史性错误比单纯射错靶子所产生的影响更为深远。如果我们假设一位作家以"X"让人铭记于心，但实际上他是更有创意的同辈人"Y"……那么，这就是限定错误。这就像点了一瓶百威啤酒，拿到的却是康胜。对哪一个当代巨头将来终会自成一家进行一番争论是件极其有趣的事情，因为该争执仅仅是对关于哪部商业作品值得注意的现存争论进行再次构建。这是一种以现实为基础的假说。然而，也有其他更难以解析的可能。有的结果更奇怪些（但似乎仍具有合理性），这种结果需要一种辨别真伪的能力。

  要是我们这一代最伟大的作家在默默无闻中孤独终老，将会怎样呢？

  或者，更奇怪的是，如果我们这一代最伟大的作家是位知名人物，但是没有受到任何一个活着的人（可能包括他自己）的高度重视，那又会如何呢？

4.

  在对这种事情是如何以及为何发生的进行解释之前，我必须意识到一种反对意见，尤其是我的观点很不正常的时候。要做到这点，我需要借用小说家乔纳森·勒瑟姆（Jonathan Lethem）所说的话。他在随口引用毛姆的话时说道："威廉·萨默塞特·毛姆（W. Somerset Maugham）曾一针见血地评论过。在此我不打算查找出处，而是大概转述一下：'文学后裔往往在选材时让我们大为吃惊，几乎都从他们所属年代的知名人士中选取 [1]，而把不知名的排除在外。'对此，我大为赞同。"

---

[1] 毛姆在真正引用时使用了被动语态"被选取（selected）"而非主动语态"选取（selects）"。在我看来，大家都认为勒瑟姆犯了这样的错误而使其毕生事业黯然失色。

　　勒瑟姆是位高产的小说家和评论家，也是位非官方馆长，提倡为菲利普·K.迪克（Philip K. Dick）编纂目录。菲利普·K.迪克是位科幻小说家，他身上所体现出的可能性要比其他任何一位艺术家所体现出的更为重要。有些出人意料的是，勒瑟姆认为我的预设过于守旧。可能性似乎激发了他的好奇心，但是却无法忽视一种（看似）更加合理的可能，即未来的确会折射出当下的某种说法。我已经关注了梅尔维尔，而迪亚斯则提到过弗朗茨·卡夫卡（Franz Kafka）。但是勒瑟姆明确把这两个案例视为无意中证明该规则的例外情况。

　　"卡夫卡和梅尔维尔这两个例子都很反常，再次出现的可能性不大。"勒瑟姆解释道，"值得弄清楚的是，梅尔维尔并非微不足道，也不是喜欢自行出版的怪人。他是畅销书作者，他的书受到广泛评论和一致认可，以至于他开始逐渐背离所处时代的阅读品位。奇怪的是，所有杰出的作品都是在他没落之后才问世。当时，他的声望大幅下降，在人们的记忆中未能有过片刻停留……卡夫卡通晓复杂的文学对话。虽然他很容易自我拆台，很少完成作品并出版发行，但是他的注意力往往会给同行敲响警钟。如果他活得再长一点，很可能会成为一位著名作家……文学史上最经典的人物则要数威廉·布雷克（William Blake）这位饱受争议的自行出版狂人了。"

　　勒瑟姆争论的焦点在于以下两方面。

　　一是随着时间的流逝，除了乔伊斯、莎士比亚、荷马这样图腾式人物之外，没有谁可以真正被世人永记。

　　这些图腾式人物是对伟大人物的一种混乱化概括（勒瑟姆写道，

"时间是个混账东西，没有人能躲得过"）。

二是即使接受确实存在文学经典这种可能，我们也是在讨论多种多样的文学经典和形色各异的子孙后代。

我们现在所讨论的正是勒瑟姆所称的"竞争断言"：本质上，我们需要经典的唯一原因在于其他人可以发表不同意见。经典中作家的作品占据次要地位，因为它们现存于今仅仅是出于反驳的目的。

"请允许我试着举个例子，对当前所处情况草率地进行一番猜想。"勒瑟姆在给我发的一封电子邮件中（由于这是一封非常有意思的邮件，我打算保留他那些不正规的插入语和拼写）这样写道，"最著名的在世（或刚刚过世）的作家注定会在人们的思想中驻足良久。即使很少有人读这些作品。你可能认为华莱士（Wallace）、弗兰岑（Franzen）、金（King）长期活跃于世。当我们在讨论某一特定时期的法国小说时，所有人都确信司汤达（Stendhal）、巴尔扎克（Balzac）、维克托·雨果（Victor Hugo）确有其人（我确实想按照我所提到的顺序把这两类作家的声望进行一番比较）。除了巴尔扎克这种学校课外作业必读书目外，你知道有多少人可能读过这些人的作品吗？因此，当我回到'竞争断言'这个话题时——针对那些认为上述作家属于中世纪过后没多久的法国文学的人而言，有些明智之人则会表示：'让这些乏味的书滚到一边去，那个时代的法国文学是波德莱尔（Baudelaire）和魏尔伦（Verlaine）的天下！'或者也有人会说：'阿纳托尔·法朗士（Anatole France）的书卖得都比这些人多，这你知道吗？'这就无异于表示，'在千禧年之交，简·斯迈利（Jane Smiley）是最重要的美国小说家'。同时，还有人会说，'我对居伊·德·莫泊桑（Guy de Maupassant）更感兴趣'。这就好比说，我不知道，乔治·桑德斯或者洛丽·摩尔（Lorrie Moore）。与此同时，我们生活在一个文学创作者数量急剧爆发的时代——尽管领域内数量颇丰，但仅有极少部分作品为人熟知，更别提 10 年、20 年甚至 22 世纪以后了。这一切都会无情地蒸发于人们的记忆之中，一去不复返。"

现在，我不太确定勒瑟姆最后所说的话是大胆推测还是抚慰人心。但从数量来看，很可能这个时代的一切都不会被后世所遗忘，我当然明白这种可能性背后所潜藏的心态。也有一些人认为我们没必要"记住"任何东西，因为互联网可以无限存储，电子书也不会绝版（完全没有必要把任何一个具有创造性的人归在比其他更重要的那类人中，因为我们都可以平等直接进入这两类目录）。这两种想法都是乐观主义、悲观主义和实用主义的奇妙混合体。但是，它们却都忽视了人性。即使因工作过剩、领域过大而难以掌控，社会仍旧会享受这个过程。实用性并非战略中的一部分。人们总是回顾过去，试图重新记起那些他们认为是真实的内容，正如我现在展望未来试着洞悉这种逆向工程如何运作一样。**特定事物并不会在人间蒸发，即使这些事物不值得铭记于世。**

我试着变得理性些（或者至少我脑海中对理性本应为何物的描绘应该如此）。我试图从现在正发生的事情中推断出将要发生的事情。当然，这正是素朴实在论切中我的要害所在。我的思维已受局限。如果没有自觉关注我们已知内容的最显著一面，并且下意识地将所有知识潜能无法掌控的一切排除在外，那么我们完全无法预知未来。如果我的核心论点是最好的猜想总是最糟糕的，那么我无法描述百年后所发生的事情。我没有充足理由证明本年代最重要的作家是位（例如）尚未被认可的来自墨西哥华雷斯的爱尔兰裔亚洲人，他以反对工会的视角讲述移民者的食人行为。这甚至连论证都算不上，仅仅是一连串形容词的堆积。这是一种疯狂的自由。我无法把那些从无名小辈摇身变成重要人物的人逐一罗列，当然这基于如下前提，即该问题的最佳答案应是其他人都没有想到的。那将是疯狂之举。

然而，这种癫狂（很可能）更接近那些为人所知的内容。鉴于各种各样的原因，我怀疑无论被选为 21 世纪之初伟大文学的代表是何方人氏，他或她在其身处年代都会是无人理会的无名小卒。

因此，在这里，我们试着回答那个原本无法解答的问题：

这个人会是谁？

5.

让我们暂且回到卡夫卡这个话题上来。勒瑟姆表示，卡夫卡获得了许多同龄人的"注意"，尤其是他的朋友马克斯·布洛德（Max Brod）。布洛德最终违背了卡夫卡的遗愿，在他死后将其作品出版发行。卡夫卡把他作品的阅读量限定在当地少数群体中，外界传闻这些举动异常滑稽。他的一些短篇小说刊登在小型的德国文学期刊上，在他过世之前，仅仅发行了一部小说集。这个人并非真正喝着自己的尿在洞穴中生活。但是卡夫卡并未开启过正常的文学生涯，除非你断定"正常的文学生涯"是由死于贫困、厌恶一切、憎恨自我等构成。有些天才饱受磨难、死后无名，而他代表了这种天才的柏拉图式理想。

卡夫卡极其厌恶自己所写的内容，对自己超凡才能自视甚高，这使得他麻痹自我。专横残暴的父亲是他一直挥之不去的阴影。他沉迷性爱却又缺乏安全感。他的犹太特性深深影响了他写的一切内容。1924 年，年仅 40 岁的卡夫卡在维也纳周边的一家疗养院与世长辞。当时没有人在意（就连卡夫卡自己都认为不会声名鹊起）。有人推测 90% 的手稿都被卡夫卡自己付之一炬。然而，留存下来的 10% 则成为梦幻小说的典范，甚至他的姓氏成为描述这一特性的代名词。他的小说《审判》（*The Trial*）所界定的叙事情境将永久留存，贯穿从《阴阳魔界》（*The Twilight Zone*）到《大开眼界》（*Eyes Wide Shut*）再到《不眠之夜》（*Sleep No More*）的所有类型。乔纳森·弗兰岑（Jonathan Franzen）把《变形记》（*The Metamorphosis*）视为"有史以来最具有自传性质的一部小说"，该小说已经铭刻于主流意识之中，早在 20 世纪 90 年代初期就被拍成电影并在音乐电视节目中播放。卡夫卡是经典作家的最简案例，他死时仍旧默默无名。（正如勒瑟姆所说）卡夫卡独一无二的轨迹很可能因其超凡脱俗而难以复制。但是，对此我持怀疑态度。在我看来，很可能本时代的所有作家都不会被后人所铭记——然而，如果有人将来受到当前尚未出世者的拥戴，那么这个人想必具有卡夫卡式的品性。当前我们尚未意识到他的存在，这也使得将来认可他的人觉得他超凡脱俗。

那么，这个人可能会是谁呢？

答案较为粗略，看似浅显易懂——"网络上的某个人"。然而，这却缺少了对比这个关键环节。传统网络是让人短期成名的绝佳之所。那些从未出版作品的作家积聚了大量社会媒体关注后必然会将这些追随者引向所出的书或所签约的电视台，当然这样做的前提是他已经小有名气。如果你深陷正常的网络文化中，那么你或多或少会受到品牌的影响（即使你有意使自己变得怪异迟钝）。就其定义而言，网络写作就是公众写作。这也就意味着我们当代的卡夫卡想必正在做些异于常人之事。当代卡夫卡应该会在媒体工作，该媒体要么因其传统保守而不受待见，要么因其标新立异而不受欢迎。一种极端是：一位隐士正用一台手动打字机把自己的想法记录下来并收藏在行李箱中，这种场面过于疯狂，常人无法想象。另一个极端似乎更言之有理些，即所谓的暗网（Deep Web）。

在网络之外还有另外一个网络（这是搜索引擎无法捕捉到的网络，99%的民众无法使用到的网络），你需要下载一个特殊的代理浏览器才能访问到它。暗网中的一切内容都被加密，浏览起来很困难。"暗网与其说是一个地方不如说是一种思想更为贴切，"《黑暗网络》（*The Dark Net*）的作者杰米·巴莱特（Jamie Bartlett）这样写道，"各个网络黑社会之间彼此分离，但与我们所使用的网络世界相连接。这是个无拘无束的匿名世界，在这里，用户可以摆脱审核监管的束缚，不受社会规范的限制，畅所欲言。"此时此刻，网络沦为了特殊交易的专属场所：贩毒、枪支、卖淫以及最具问题的儿童色情（据估计，80% 的暗网访问者与恋童癖密切相关，尽管该数据有虚构之嫌，却能说明真相）。暗网中最广为人知的网站名则是一家名为丝绸之路（Silk Road）的毒品交易市场，该市场被美国联邦调查局于 2014 年关闭。这并非一般人浏览的网络领域。据我所知，我还不知道那些涉足暗网的人有谁会从新闻猎奇超脱。但是，暗网确实代表了一个可以让某个无名艺术家在其中自我绽放的区域。在这里他可以完全脱离那个可能将其作品拒之门外、嗤之以鼻的主流社会。

这和那些真的不想让别人看到他作品的（坦诚的）作家有所不同。如果他真的如此，那么他完全可以只坐在一间黑屋里，想象自己已经截稿。即使厌恨自我的卡夫卡还是把《审判》的副本送给了布洛德并一再要求布洛德把它毁掉。但是卡夫卡也可能意识到布洛德并不会这么做。无论他们可能会做何决定，绝大多数行为失范的作家都不想让自己的作品沦为真空。他们仅仅想控制读者的构成。如果你在常规世界里工作，这样做几乎是不可能的事情。但是，它却可以在暗网中行得通。[1] 一位默默无闻的天才能够创造出一片天地，在这里他或她对其受众有选择权，可以仅仅让那些思想相近、

---

[1] 此观点很容易被反驳，那就是"这太疯狂了，没有人会为了艺术而使用暗网，以后也不会有这样的人。这就像一位伟大的电影导演可能不会参与色情凶杀影片的拍摄一样"。然而，这已然是一种错误的回应。英国电子音乐艺术家艾菲克斯 · 特温（Aphex Twin）就曾把其 2014 年的电子专辑 *Syro* 中的歌名和曲目列表公布在暗网洋葱头的隐藏服务中。人们尚不清楚他为何这样做，但是这正是部分价值所在。这里并不需要清楚明确。

价值观相似的群体欣赏他或她的作品，而把余下的社会群体拒之门外（也不会存在所写内容像病毒般扩散的风险）。在隐秘的数字墙之下，我们的当代卡夫卡与当代布洛德沟通交流，事实上没有其他人会知道这种互通正在悄然进行。作品本身可能会沉寂几十年，直到暗网（最终）被技术考古学家发现才得以浮出水面。这种与世隔离确是一个起关键作用的细节。卡夫卡笔下人物 K 所遭遇的困惑尽管未被世人看作某种建设性的构思，却是在简单、隐秘而痛苦的生活中受困于压抑异化的一种方式。我们深知事实如下：卡夫卡的才华在其所处年代并未受到认可，这终究放大了他那种难以言表的绝望之情。我们相信，他的声音真实可信，因为他（似乎）不会别有用心。他只是落入了万丈深渊。这恰恰是在无人知晓网络版本中写作的定义所在。

故而，这里便是场地所在，我们候选人的栖身之地。

但是，那个人将会是谁呢？他会写些什么呢？

6.

在此，我们与过度思考的榔头首次交锋——根据 2013 年加州大学圣芭芭拉分校的一项神经科学研究表明——这样做事实上对精神活动起抑制作用。这确实存在收益递减的可能性。但是我想自己不得不冒着这样的风险，因为过度思考是弄清那些尚未发生之事对立面的唯一方式。朱诺·迪亚斯不是曾写过 4,000 字的相关论证吗？他断言，我们未来文学经典正是那些我们现在把他们排除于正统之外的这类人的作品。这是会发生的。这样的演变将会出现。这种演变大势所趋，使得对假设异常值的推断雪上加霜。

在 20 世纪的绝大部分岁月中，越来越多的人（至少越来越多的知识分子）意识到"秘史"是理解任何复杂事物深层本质的唯一方式：这些鲜少报道的反传统文化记录曾被墨守成规的单一文化所淹没，只有在将来回顾历史时方可重见天日。如今这些内容似乎显而易见——尼克松所推举的"南方战略"带有明显的种族主义色彩，美国中情局对时局动荡的伊朗所发挥的作用，贿赂是如何掌控调频收音机所播出的内容，美国依赖私家车而不是公共交通背后所暗藏的解释等诸如此类——这些事情在发生之际都属于边缘化的讨论范畴。那时，没有人认真看待这些事。随着时间的推移，这些隐形想法——至少当时被证明是无可辩驳的——逐渐成为主流观点。1980 年，霍华德·津恩（Howard Zinn）在《美国人民的历史》（*A People's History of the United States*）一书中就曾讲述过美国是如何被构建的，如今他所描述的内容不再与传统美国高中历史教科书相抗衡。在大多数情况下，它只不过是一本教科书。这种转变俨然成为习得一切的常规部分。在文学中，曾有一些已经构建的（白人、男性）经典，中学时代的每个人被迫承认这些经典更胜一筹。但是一旦你步入大学——尤其是如果你去了一所收费高昂的学校——你会知晓那些地位同等重要但大多数却被潜藏起来（这样做往往出于非文学方面的原因）的作品。这就是文学秘史。

　　但是，该过程日益消失（虽然把这一切全归因于网络未免太过简单，但是它确实是主要原因，这点毋庸置疑）。秘史仍旧不见天日的原因在于信息的日益集权化：如果某种观点没有在三家大型网站、主要日报或全国性杂志中被探讨过，那么很难吸引那些从未有意识搜寻不同观点的人的注意。如今，那样的时代一去不返。信息无法集中，因此每种思想在被分散、被接受方面具有同等潜能。搜索"9·11"世贸大楼遭遇袭击事件和吸收那些大量认为"9·11"事件是美国政府精心策划的观点难易程度相当。2008年金融危机和2014年新英格兰爱国者队"放气门"背后并无秘史，因为在上述事件发酵之际广大受众早已公开讨论过其中可能存在的各种情节和动机。话语的竞争模式不再"互相对抗"，它们同时并存。这同样发生在艺术界。迪亚斯认为各种文学经典不会再被逆向构建。将来我们无法回过头来重新插入那些已被权威人士忽视的边缘化作家，因为现在的当权人士是多范畴的集合体。一旦那些边缘化的作家崭露头角，就会得到认可。而且，他们边缘化地位也将是有助于其成为经典的优势。

　　因此，我们从中可以获得哪些关于当代卡夫卡的内容呢？

　　它告诉我们，当代卡夫卡会是一位完全被边缘化的人物，当前没有人会把他或她那种边缘化的想法视为切实可行的热议话题。

　　以印第安人所遭遇的困境为例，美国亚文化承受了哪些无法挽回的苦难？在哥伦布发现新大陆之前，印第安人人口已达1亿，而现在却只有300万多一点，仅占美国总人口的1%，其中三分之二则被驱逐到50个圈定的居留地内，这些土地绝大多数都没人想要。

但是，印第安人基本上都处于"失声"状态，即使在谴责缺乏少数民族代表的言论中也没有话语权。谁是最著名的印第安媒体人物和政治家呢？是薛曼·亚历斯（Sherman Alexie），是路易丝·厄德里奇（Louise Erdrich），还是来自同一个州的汤姆·科尔（Tom Cole）和马奎恩·穆林（Markwayne Mullin）？就此而言，谁是最杰出的印第安运动员、说唱歌手、真人秀明星？可能是萨姆·布拉德福德（Sam Bradford），也可能是现年过七旬的小羽毛（Sacheen Littlefeather）。当奥斯卡评审委员会公布下一届最佳影片提名时，有多少人会不满提名中缺少反映印第安人经历的电影呢？华盛顿职业橄榄球队 [1] 用"红皮肤人（Redskin [2]）"命名正诠释了这种痛苦，很难发现有人谈论过印第安人所遭遇的偏见。除了《冰血暴》（*Fargo*）之外，你几乎在大众文化中看不到印第安的身影。每个人都承认它的存在，但这并非大众偏见（至少在那些绝大多数致力于推动印第安话题的白人自由主义者身上并非如此）。他们被边缘化、受到忽视。这也为那些才华横溢的局外人创造了肥沃的土地，这些局外人只有在死后方可获得认可。因此，纳瓦霍·卡夫卡（Navajo Kafka） [3] 便是一种可能。

但是，就在这里我们体会到了克洛斯特曼剃刀定律所造成的不安定：在此情境中，我能想到的唯一事实迫使我认为这并不会发生。尽管从现存事实中便可得出合理结论，可是未来却是个十几岁的瘾君

---

[1] 即"华盛顿红皮（Washington Redskins）"，是美国职业橄榄球联盟（NFL）历史上的老牌劲旅之一。——译者注
[2] 该词是美国俚语，形容印第安人的贬义词，中文直译为"红皮肤人"。——译者注
[3] 纳瓦霍人是美国最大的印第安部落。——译者注

子，在前行的过程中会一直胡说八道。无所不在的现实令人不安，但凡在任何涉及代表的对话中，那些未被充分代表的亚文化甚至都没有话语权。就定义而言，他们无法量化。他们是那些（在一般现在时中）仍旧不受欢迎、受到低估、遭到忽视的人。没有人认为这些群体需要保护和支持，这使得他们更容易被嘲弄、受攻击。他们都是谁? 由于这些内容已经在本段中有所陈述，因此我没有资格再说些什么。倘若我试着这样去做，我只会犯错。任何支持他们的言论都会违背我的前提条件。

思想的历史告诉我们，当前许多人都没有受到我们人性化的待遇。这样的人确实存在。因此，要在自己的脑海中迅速搜索到这些人: 想象某个特定种类的人、一个政治派别、一个教派、一种性取向或者一个社会团体。这些人并不存在令你心生厌恶的道德问题，但你却不会因在公开场合嘲笑他们而受到责难。

你所想象的内容无非是当代卡夫卡的潜在身份。**如果你所虚构的答案似乎完全不可思议，那么这仅仅意味着你很可能回答正确。**

7.

这位无法形象化的作者会写些什么呢? 或者，更确切地说，这位人士已经写了什么? 因为只有在他（或她）匆匆离去之后才会有人对其重要性有所感、有所悟。首要线索可以从库尔特·冯内古特（Kurt Vonnegut）在《没有国家的人》（*A Man Without a Country*）所写的"我认为，离开技术的小说只能歪曲生活，和抛弃性行为来曲解生活的维多利亚时代一样糟糕"这句话中推断出来。这本书日复一日地出版发行，在这一背景之下，那种感觉百分之百正确无疑。但是当你试图把这种独一无二的超然之感孤立起来时，真不是一件容易之事。

　　冯内古特写作建议（几乎）无误的原因则与普遍存在的时效性神话有一定关系。有一种误入歧途的信念，这种信念时常受创造性写作项目所驱使，那就是，小说的创造与技术或大众文化过度捆绑在一起，让作品变得廉价，价值日益降低。例如，如果你以苹果平板电脑的使用作为情节转折的基础，那么一旦有新技术模式取代苹果电脑之后，（据说）你的故事也就变得无关紧要。如果你所编写的故事中有一个人物沉迷于观看重播的《欢乐喜剧》（*Cheers*），那么该剧一旦下架，这种迷恋（恐怕）就会人间蒸发。如果你90年代的小说充斥着莫尼卡·莱温斯基（Monica Lewinsky）[1]，那么（据说）余下的故事情节则沦为特定年代的历史小说。根据该哲学观的拥护者所言，目标在于构建一个无法追溯至当今世界的故事情节。但是，这种做法愚蠢至极，原因至少有二。一方面，倘若缺少具体特征，则难以产生逼真

---

[1] 莫尼卡·莱温斯基，美国前总统克林顿绯闻女友、"拉链门"女主角，前美国白宫见习生，由于20世纪90年代在白宫工作时和当时美国总统比尔·克林顿发生性行为造成绯闻，从而引起公众的注意。——译者注

效果。[1] 另一方面，如果你把临时世界潜藏起来，而作品却以某种方式出人意料地留存了下来，那么你曾潜藏的临时世界则成为人们关心的唯一内容。

　　冯内古特所提到的维多利亚时代便是个绝佳例子。简·奥斯汀（Jane Austen）（一位超越时空的永恒作家）写了关于无性世界的求偶和婚配。结果，这种难以言表的潜在性倾向成为吸引现代读者的主要因素。"当奥斯汀小说中的主人公走进一间屋子开始说话的时候，"研究维多利亚时期的学者苏珊·兹洛特尼克（Susan Zlotnick）表示，"我们就能够理解这些词语了……而非压缩到这些词语中的层层意思。"在阅读《傲慢与偏见》（Pride and Prejudice）的时候，读者需要对性进行剖析——如果你大爱奥斯汀，这样的剖析过程则是你深爱她的重要部分。一本书因其文本而受人欢迎，但是真正使其得以永生的则是潜台词。对真正的痴迷者而言，作家未明确表述的内容最后都成为重中之重（因为正是这些痴迷者使艺术得以延续，而他们又是规则的制定者）。以《贝奥武夫》（Beowulf）为例：尽管有关格伦德尔（Grendel）和其母亲的讨论极其有限，但是人们却在无止境地探讨九世纪的英国，故事的本质和渊源以及早期的基督徒是如何看待英雄主义和天谴的。如今，人们对《贝奥武夫》着迷的那些内容并未出现在

---

[1] 当我们和志同道合的朋友闲聊时，人们很少说"我昨晚看了场电影"，人们更多时候会说一些类似于"昨晚我看了《八恶人》（The Hateful Eight）"或者"昨晚我终于看了塔伦蒂诺（Tarantino）的新片"这样的话。我们生活在专有名词文化氛围里。这种特定电影有没有可能淹没在历史的长河中？人们在随意间提到昆汀·塔伦蒂诺（Quentin Tarantino）时会不会感到疑惑或者受到误导？当然如此。但是，未来读者花几秒钟就可以从语境中了解所以然，要比直接告诉他这位作者这部小说中所写的内容从未发生过要好得多。

故事之中。无论 2016 年有何种文本可以延续到千年之后的 3016 年，都会和《贝奥武夫》的处境相同。

现在，事情在此变得举步维艰。

一方面，我们必须接受冯内古特所提出的巨大论证。我们都承认的是，重要写作可以找到再现生活的正确方式，这样一来便可有意识地与有意义的时间文化融合在一块（虽然这可能也只是暂时的）。我们当前文化的构成要素具有争议性。这里有一份看似合理的清单的部分内容……

● 网络对日常生活的心理影响。

● 普遍接受非传统性认同。

● （似乎定期都有）手无寸铁的黑人死于白人警察之手。

● 关于隐私的模棱两可定义。

● 对最富有的"1%"的人产生的那种无力模糊的愤恨。

● 电视的艺术升华。

● 摇滚文化的衰退和嘻哈文化的兴起。

● 青春期的延长和成人期的逃避。

● 对客观故事的怀疑。

● "9·11"事件后，常态恢复时断时续。

我并非要表示，一部重要著作必须涵盖上述某种观点，或者必须包含一种符合上述清单的思想。但是，它需要将关乎世界的重要内容收纳其中，同时在关键时刻不得不与现代性相关。它没必要写得很好，构思巧妙。一本写得不错、构思巧妙的书绝对"伟大"，但是（在这场辩论的情境中）单有"伟大"二字还远远不够。（那些完全被遗忘的大部头清单往往比你现在读的这本书的篇幅还要长很多）为了克服重重困难，击败时间的无情摧残，这部著作必须给予更多。它必须提供一个窗口，可以通往常人无法通达的彼岸，并且受到判断的保护，即只有这部特定的作品是完成此举的最佳方式。它必须符合冯内古特的要求——反映现实。这就需要写一些关于当下的内容，即使这些内容与明天毫不相干。

但是，悖论在此出现：如果一位作家直截了当地这样做，那么根本不会奏效。

人们并非仅仅喜欢（前面所提到的）"剖析"文学。这是经典化的必经之路（不仅文学史这样，所有艺术形式均是如此）。如果一本书的意义可以从对可感知情节的基本描述中推断而出，那么这个文本的寿命也就仅仅停留在其出版期限内。历史上，杰出的艺术品往往意味着区别于其表面所呈现的内容——同时，如果未来读者无法相信他们正在汲取的这些思想比任何简单逻辑所预示的内容要隐晦，那么这本书便会消失。一根雪茄只是一根雪茄的可能性在文学批评中不起作用，同时会随着时间的流逝而放大。按照字面理解，加里·施特恩加特（Gary Shteyngart）写的《悲伤的爱情故事》（*Super Sad True Love Story*）是一本关于媒体异化的书，但它并非真的关于媒体异化。照字面意义，乔纳森·萨弗兰·福尔（Jonathan Safran Foer）的《特别响，非常近》（*Extremely Loud and Incredibly Close*）是关于"9·11"事件的，因此它绝非真正关于"9·11"事件。当任

何一本小说被重新发现并在文化层面得到提升之时，其中部分过程
富有创造性：继承的一代需要自己决定更深层次且未获得上一代人
广泛认可的主题内容。百年之后，很可能戈马克·麦卡锡（Cormac
McCarthy）的《末日危途》（*The Road*）是阐述媒体异化的最佳小
说，然而如今却不会有人这么认为。《无尽的玩笑》（*Infinite Jest*）则
可能成为"9·11"事件的经典之作，尽管该书比"9·11"事件要早
五年问世并且和纽约、恐怖分子以及全球政治关系不大。[1] 我们能确
信的唯一细节问题则是：对小说的（最终）解释（终究）会与其表面
含义大不相同——如果没有这样，那么这本书则不会在将来被追加为
经典。

因此，对那些想得以永生的作者而言，这似乎就是把金钥匙：**你
需要写些关于重要之事的内容，却又不是真正把它们写下来。**

---

[1] 我相信如我在此描述的一样，这在将来会发生的。由于自杀和独特才华，大
卫·福斯特·华莱士（David Foster Wallace）在历史上仍将具有重大意义。
即便人们因为《无尽的玩笑》是一部复杂的鸿篇巨著而很少阅读，它也将被视
为华莱士的经典之作。由于人们对这部小说印象深刻但很少阅读，它将成为激
进和愚钝解释的绝佳场所（正如现在的《白鲸》一样）。两三百年之后，2001
年的"9·11"事件将成为所有在此事件前后诞生的美国创意作品的单一社会
检验标准（如果你不相信我说的话，那么试着深入分析一下19世纪中期以来
那些没有随便提到美国内战的艺术作品）。这就是关于某个主题的书籍最终完全
成为其他事物典型代表作的秘诀所在。某天，将会有一堂关于"9·11"事件
的大学文学课，那时《无尽的玩笑》将会成为推荐书目，并且会过度强调有关
激进魁北克人的描述。如果真的发生了，教授最好因为我的预言应验而称赞一
下我，在教学大纲中提到我。我并不在意学生是否关心这些。我的意思是，反
正他们中有半数人都会是生化人。

　　我意识到，这提起来像是签语饼（fortune cookie）[1] 的忠告。事实上，我怀疑自己所说这些推理读起来有点像徒劳无益的谜语："这一代最杰出的作家是位你闻所未闻的人士，代表我们甚至都无法认同的亚文化，所表述的一些观点无法预知他们看起来要表达的内容。"这有点类似于中国最好的乐师是一位从未有机会学习乐器的人——即便这是真的，没有真凭实据的理论又有何意义呢？但是，这样看待就是一种错误的方式。我的目的不是反驳传统答案"X"并用非传统答案"Y"取而代之，而是为了用我们思考过去的同样方式来深思当下，完全明白只有当我们触及不包含自己的未来之时，方能大量进行这样的思考。为什么我想这样做呢？这正是（或者说应该是）我们耗费大量时间去思考那些不重要、不切实际、没有必要的事物的原因所在。回顾以往，我们会发现有许多经过深思熟虑的观点是那么可笑至极，其原因在于人们下意识地推测现在我们信以为真、优先考虑的内容在将来仍会广受赞同、享有优先，尽管这些推测几乎从未成真。这样的错误一再上演。因此，虽然我们不可能预测未来的重要因素，但我们可以合理预测无论他们（在他们所处的时段）选择何种关心之事，这些事情都会转瞬即逝。这虽然不会给我们提供新的答案，但可以排除那些往往未受到我们质疑的错误回答。

---

[1] 签语饼是一种脆甜的元宝状小点心，金黄色或杏黄色，空心内藏着印有睿智、吉祥文字的字条，食用时轻轻将其拦腰掰开，便会得到印有文字的签语。签语饼一般在餐厅中做餐后甜点，也可作为休闲娱乐食品。——译者注

8.

"我想说，本时期最伟大作家不为人知的概率为 20%,"《纽约客》（ _New Yorker_ ）书评家凯瑟琳·舒尔茨 [1] 表示，"他或她在将来被众人知晓的概率比当前受众人赏识的概率更高，大约占五成。"

舒尔茨一下就可以给出答案，完全不知道这正是我想提的问题。如果给她更多时间思考这个答案，我并不会因她给出截然不同的回答而深感诧异（事实上，在我们长达 75 分钟的谈话接近尾声之时，我已经感觉到她希望自己在回答问题的第一部分时所提供的数据要略低些，第二部分则高一点）。两组数据都是随意推测的，对于在小酒馆中的闲谈不足为据。但是如果你恰巧在这家假定的小酒馆里，第二部分的数据更有意思。虽然我们不清楚这个人是谁的可能性的临界值是有限的，但是推测哪位平凡艺术家比我们意识到的更为重要的幅度则是无限的。这样的推测训练是整个批判游戏的核心。2015 年《纽约时报书评》（ _New York Times Book Review_ ）在为埃莉莎·艾伯特（Elisa Albert）的小说《出生之后》（ _After Birth_ ）写评论时，曾在最后一段说过这样一句话："毫无疑问，《出生之后》将分流至为现代文学亚经典的'女性小说'中，但是这部小说却和《红色英勇勋章》（ _The Red Badge of Courage_ ）一样举足轻重。"迄今为止，我还未读过《出生之后》这本书，因此我无法对此论断做出评判。然而，多年来我一直是一位付费的

---

[1] 在本书的序言部分，舒尔茨是《我们为什么会犯错？》的作者，和这里提到的舒尔茨是同一个人。

评论家，因此我深知我的同行自然而然认为有很多事物会被世人低估，因而往往对他们过高地评价。两者之间无意义地互相更替。然而，关注作品被高估、低估还是等价评估并非我的兴趣所在。我更关心那些尚未被评估的事物，尤其是那些被故意搁置不评的事物。

9.

　　想象一个重心过低的二维巨型金字塔[1]，每一位现存的美国作家在此都有一席之地，他们都是一块砖。

**　　二维金字塔的顶端则是精英，他们职业生涯的长短、职业意义的共识都证明了其所处地位无可辩驳。**

　　像菲利普·罗斯（Philip Roth）这样的作家都处于这一层。罗斯在50年的写作生涯中写了27本小说，其中大多数小说大获成功，并且都受到高度重视。当然会有人不喜欢菲利普·罗斯的观点，认为他名不副实，还会有人对他嗤之以鼻、三缄其口。然而，讨厌他的人会受到那些认为其伟大的人的公然抨击，因为这样的归类不再依附于任何人的主观臆断。这一层的非小说一侧则是像罗伯特·卡罗（Robert Caro）这样的重要战术家；而威廉·T.沃尔曼（William T. Vollmann）这类作家横跨两侧，地位因其一味莽撞而得到巩固。即使

---

[1] 严格来讲，是一个三角形。

出自这些作家之笔的次要书籍也会在历史上占据重要席位，因为一旦你被贴上"伟大"[1]标签，在传记中你的失败之举也会被认为富有启发意义。

第二层是由那些广义上被分类为"伟大"的作家构成，但是这些人并没有为了证明自己地位坚不可摧而长期笔耕不辍。

这里有像詹妮弗·伊根（Jennifer Egan）、戴夫·艾格斯（Dave Eggers）和唐娜·塔特（Donna Tartt）这样的作家，外加上大量像塔－内西斯·科特斯（Ta-Nehisi Coates）、乔恩·科莱考尔（Jon Krakauer）和劳伦斯·赖特（Lawrence Wright）这样的非小说作家，他们在短期内创作出意味深长、影响深远的新闻报道。如果这些作家一直更新作品（或者碰巧英年早逝），那么他们也会跻身金字塔首层。但是（往往）出于一些自身无法掌控的原因，这鲜少发生。毕竟顶层空间有限。

第三层是一些商业作家，他们值得信赖地出版了大量或者少部分畅销书，一般人们会以他们的书销售量的多少论成败。

---

[1] 这可能显而易见，但是（以防万一）我应该向大家简要说明一番，每当我称某事"伟大"的时候，我并非表示自己一定认为特定事物所反映的伟大仅仅针对我个人而言，甚至是我喜欢（或者完全理解）其为何物。我的口吻更像是作为编辑的"我们"：那些支持此论断的人和那些尚未真正思考原因所在便欣然接受的人达成了一种普遍和谐的一致，都认为这个特定事物至关重要且富有艺术性。我自己的品位可能会在我所选择的例子中起到作用；我也可能错误解读了社会观点，当然存在这样的可能性。这并不属于我归类过程的内容（至少在这本书中不是）。我的意思是，我从未读完过任何一本福克纳（Faulkner）的小说。我也不喜欢琼尼·米歇尔（Joni Mitchell）的唱片和伯格曼（Bergman）的电影。但是我仍然明白他们都很棒（或者"伟大"）。我无须为了承认其正确性而亲自表示赞同。

这些人偶尔会被认为"擅长写作",但是很少被认为是伟大作家。他们令人羡慕的同时也会受人忽视。我称他们为"未受到口头评价":有大量批判性思想向人们解释为何这类小说不值得深思。只有女性购买的这些书容易在这一层获得一席之地。[1] 位居此层的还有法律惊悚小说、针对成人市场的青年小说、改编成动作片的恐龙小说以及那些涉及怪异性行为、吸血鬼、与吸血鬼发生怪异性行为或详细描述核潜艇的小说。

位于第四层的是每两三年写一部好作品的作家和引人注目的局外人—— 一本等同于"伟大"的好书取决于公众的认可度。

他们所写的书往往都是情节巧妙的小说,深入挖掘一些普遍存在却未被开发的素材。这些书遭到疯狂抢购,难免被改编成电影,进而把公众脑海里的那些小说取代。1996 年,这样的事情就发生过两次,一个是亚历克斯·加兰(Alex Garland)的《海滩》(*The Beach*),另一个是恰克·帕拉尼克的《搏击俱乐部》(*Fight Club*)。最近一则案例则是 2012 年吉莉安·弗琳(Gillian Flynn)的《消失的爱人》(*Gone Girl*)。这样的好处是作家可以因此而变得富有,就可以一直按照他们选择的方式写下去。而这样的坏处则是人们会通过仅这一次的巨大成功来衡量这些作家余下的写作生涯。

第五层的作者写的好书常常大获好评,但这些书也仅仅停留在好评阶段。这样的作者甚至可能在备受瞩目之处被描述成"才华横溢之人"。

---

[1] 1988 年,在 10 本最畅销小说中,言情小说家丹尼尔·斯蒂尔(Danielle Steel)就有三本榜上有名。从 1983 年到 1999 年,她每年都有至少一本小说跻身商业榜。斯蒂尔正在向一生销售 10 亿本小说迈进。但是,其中许多小说都没有维基百科条目,甚至连非评论人士都不会批判性地评价这些书。

　　但是这些书的影响甚微，销售量不到 15,000 本。任何感知到的成功不过是媒体的幻影罢了。在数量有限的"粉丝"中（通常出现在他们的脑海中），有人认为这些作家被错误地低估了，即便岁月的流逝往往证明这种想法终究会落空。这一层还有一些少数邪典作家[1]，他们只需为一小部分特定读者写书便可过上较为体面的生活。这里有通俗小说家、六七个诗人、倾向关注毒品、艺术批评和阴谋论的非小说自学者以及真正的异教徒。

　　现在我们到达了最后一层："评论盲区"。

　　绝大多数美国作家都处在此层面。出版的现实在于大多数书只是印刷成册。人们创作、编辑修改、推向市场、公开宣传——但也就仅此而已。这些书也只是在名义上受到行业刊物的评论。而只要行业刊物存在，它就专注于评论一切事物（如果这些书受到除此之外的其他关注，那么也可能是正面评价，仅仅因为对一本从未听过的书大肆批判是毫无意义可言的）。这样的例子我可以信手拈来，但毫无必要——只要扫一眼自己的书架，就会注意到，要不是你不知何故恰巧有一本这样的书，你甚至都不知道它的存在。大部分奇幻小说都被归为此类，除此之外，还有一些不重要的吸血鬼小说、自费出版的回忆录、未疯狂传播的自助书、非淫秽且未经授权的传记和文学色彩很浓的小说（只有孤独的组稿编辑才会注意这些小说，而他们往往因为出版这种类型的小说而被炒鱿鱼）。这并不意味着这些书一定糟糕至极，

---

[1] 邪典作家丹尼斯·库珀（Dennis Cooper）在《巴黎评论》（*The Paris Review*）中描述邪典作家为："这是一个奇怪的述语，因为它是免费的，同时也是居高临下的。"

因为甚至都没有公开进行过这样的主观审议。这些书仅仅是书而已。人们在工厂中把这些书印刷成册，放在许多书店以供出售，（设想一下最坏的情况）至少有 500 个陌生人把它带回家，或者把它下载下来换钱。如果你把作者名字和书名放在一块去网上搜索，它将出现在第一个条目中。可以在一些公共图书馆中找到这些书，但并非所有的公共图书馆都有它的身影。在写作技巧和封面装订方面，这些书与《再见，哥伦布》(Goodbye, Columbus) 之间的相似性要远远高于差异性，但是主要差异在于前者自出版之初就无人问津。这也使得这些书一旦被人发现闪光处就会变得特别伟大。

因此，这就是金字塔。

如果世界发展合乎逻辑，那么关于金字塔中作家的预测即使历经数百年沧桑也会最大可能地完好无损。当缺少其他信息时，一个赌徒不得不选择位于第一层像罗斯这样的作家，正如给今后谁将在世界联赛的 100 个赛季上获胜下赌注时，任何一个赌徒都会被迫选择纽约洋基队 (Yankees) 一样。如果你不知道明天天气如何，就会假设明天天气和今天没什么两样。但这样做需要文化停滞不前。它并非简单意味着如今我们汲取、思考罗斯的方式将会一成不变；它意味着我们重视、评定所有小说的方式将依然如故。它也意味着仙逝的罗斯在出生于其逝世之后的第一代学者重新评价中仍屹立不倒，在此种情况下，没有发展的机会，但衰退的感知却占据很大空间（将来没有反对者会公然宣称，"实际上，罗斯比他所处时代的人们认为的要优秀"，因为在那个时代罗斯被视为卓越非凡之人，对此所有人都欣然接受）。他是最保险的赌注。这也是我发现自己处于所想象金字塔的第三和第六

层 "评论盲区" 的原因所在。作为特定案例，他们面临无限可能。但是作为同一类别，他们共享某种反常优势。一方面，他们与不断变换的成功商业概念[1]相隔绝。另一方面，被淹没、未受赏识的英雄存在一种叙事潜能。但是，至关重要的优势也往往是最显而易见的：未被评论的书是中性电荷。厚重的历史并不在那里。它们包罗万象，人们所思所想全被囊括其中，而且不会造成重塑的复杂化。

基于出色的判断力，我做出如下预测：我认为未来的世界和现在的世界将有本质上的区别。

此种预测有无风险取决于时间轴长短程度。问一问现如今任何一个读《安娜·卡列尼娜》（*Anna Karenina*）的人，问他们对这个故事有何感想，他们往往会提到这个故事有着惊人的时代感。这表明从本质而言 1877 年托尔斯泰（Tolstoy）所处时代与当今时代大相径庭，那些过时的细节无关紧要。内心中的一个小我深信这将总是正确无疑。但是正在写这本书的我却对此持怀疑态度。我认为 2016 年到 2155 年之间的社会差异将比 1877 年至 2016 年之间的社会差异更加深刻，正如从《安娜·卡列尼娜》出版到 2016 年的 139 年之间的时间鸿沟要远远深于 1738 年到 1877 年这 139 年。这种差异分化的加剧是真实存在，对后代而言，他们与 "古" 书产生共鸣要比曾经设想的困难许多。《纠正》（*The Corrections*）的语言和主题将在短短的 50 年后变得原始且怪异，就像如今人们对《鲁滨孙漂流记》（*Robinson*

---

[1] 很容易想象未来的商业成功要比现在的商业成功更加重要（因为在过去 250 年中这已经大势所趋）。然而，同样可以想象的是在未来唯一的文化也沦为了以市场为定位的文化，商业成功无关紧要（甚至可能只是一个支柱而已）。

Crusoe）的感觉一样：尽管这本书将来仍具有可读性，但是这种阅读体验却无法折射出书中所描述的人物经历（因为未来人类的体验截然不同）。

这正是一本处于评论盲区的书所具有的矛盾优势。我们知道《纠正》这本书会讲些什么内容，公众对这本书知识方面的记载将会与书的内容保持一致。将来会不会有某个人对其含义进行重新诠释、改写，进而使之与所处时代更加契合？当然如此。但是，如果用不含预先存在意义的文本呈现同样过程会事半功倍、别出心裁。书就是"书"：一本不受重视、被遗忘的机场畅销书、一本原先名不见经传后被重新界定为有先见之明的杰出回忆录。我们与其让现在（过去）适应将来，不如把现在（将来）塞进当下（过去）之中[1]。而且这样做也不是第一次了。

没有人会严肃对待那些被遗忘的机场畅销书，但是也不会有一本完全不为人知的回忆录，这本书可以被重新定义为卓越和有先见之明的。

与其把现在（过去）装进未来，不如让现在（将来）代替过去。

而且也不是第一次做到了。

我确定这些将会发生吗？当然不。我站在确定的对立面，因为其动机比我刚才所表示的更为复杂（我在后面会详细介绍）。但是这

---

[1] 没错，我知道，这句话真是语无伦次。但是它却比看起来要直截了当：我们当下时光将终究成为过眼云烟，因此被称为"现在（过去）"。我们的将来也将会成为现在，因此称之为"现在（将来）"。这有点像《星球大战》（Star Wars）的开场白，告诉我们以下事件发生在"很久以前的一个遥远星系"。但是《星球大战》中的人使用激光枪，以光速穿梭，因此我们被迫得出结论：他们的过去正是我们的未来。

种可能性由于无法忽视的缘故更令我觉得言之有理：历史是一个极富创造力的过程。或者正如拿破仑·波拿巴（Napoleon Bonaparte）所言，"一系列谎言达成一致"。虽然世界如其所变，但是记忆之中和记忆之外均在我们的构建范围。在未来，人们最终也会这样对待我们。

宝贝，但这就是我喜欢的方式。
我并不想长命百岁。

第一个就是摇滚乐。

事实上，这样说是不对的。首先，绝对有其他事物先于摇滚乐存在，1950 年左右才有摇滚乐。摇滚乐以 1934 年由鲍斯威尔三姐妹（Boswell Sisters）合唱团所创作的一首歌曲命名，这样做与其说是有着某种因果关系，不如说是巧合而已。它由克利夫兰电台（the Cleveland radio）的艾伦·弗里德（Alan Freed）的播音员向大众普及，他为白人观众演奏黑人音乐（black music），在不经意间促成了摇滚名人堂在伊利湖畔落成，其艺术效果等同于一个人因为恰巧画了幅北美地图而以其名字命名北美一样。"摇滚乐"是用以表示某种特殊音乐的专业术语——你（几乎）可以随之舞动，（通常）需要一架钢琴伴奏。在长达 50 多年的时间里，"摇滚乐"除了是一种新奇事物外并没有以任何有意义的方式盛行。这是因为"rock and roll（摇滚音乐）"很快演变成了"rock'n'roll（摇滚乐）"，这是 20 世纪 60 年代中期同种音乐的衍生品。如今它与一种根深蒂固的使命宣言组合在一起，该宣言是：这是完全为青少年创造的艺术，自我意识折射出其非音乐的价值习俗。只是一小段时间如此而已，从 1964 年 2 月甲壳虫乐队（the Beatles）在《艾德·苏利文秀》（*The Ed Sullivan Show*）

演出开始到 1967 年 12 月随着吉米·亨德里克斯（Jimi Hendrix）《像爱一样勇敢》（*Axis: Bold as Love*）的发行而结束。直到 1968 年初，"rock'n'roll（摇滚乐）"已经发展壮大成了"rock（摇滚）"，成为文化头衔——但涵盖了一切根植于"摇滚乐"的流行音乐，当然也包括先前创造摇滚的音乐家。[1] 几乎一切内容都可以贴上"摇滚"的标签——金属乐队（Metallica）、阿巴合唱团（ABBA）、《曼海姆压路机》（*Mannheim Steamroller*）、一种发型、一条围巾。如果你是一名成功的税务律师，有自己的浴缸，那么你的客户在向他不赶时髦的邻居介绍你的工作时会把你称为"注会摇滚之星（rock star CPA）"。"摇滚"这种形而上学的概念风头正劲，甚至其所涵盖的次文类（subgenre）都可以普遍地应用于朋克（punk）、"重金属"电

---

[1] 可以采用一种简单的方式来解析这不太简单的描述：播放齐柏林飞艇（Led Zeppelin）创作的一首摇滚歌曲。在传统的 12 小节布鲁斯音乐相继进行的基础上，《摇滚》（*Rock and Roll*）"是齐柏林飞艇编录中唯——首真正的摇滚音乐歌曲，除非你把《热狗》（*Hot Dog*）"和"*Boogie with Stu*"也算在内。齐柏林飞艇的其余歌曲都是"摇滚"的复杂迭代，即便敲鼓演奏雷鬼乐（Reggae）时也是如此。杰瑞·李·刘易斯（Jerry Lee Lewis）演奏摇滚乐。杰里·加西亚（Jerry Garcia）演奏摇滚。《昼夜摇滚》（*Rock Around the Clock*）则是一首完整的摇滚歌曲，但是忧郁布鲁斯乐队（The Moody Blues）的《（在摇滚乐队中）我只是名歌手》[*I'm Just a Singer (in a Rock and Roll Band)*]、瑞克·德林格（Rick Derringer）的《摇滚，恰恰舞》（*Rock and Roll, Hoochie Koo*）以及坏伙伴乐队（Bad Company）的《摇滚梦幻》（*Rock'n'Roll Fantasy*）仍旧保持摇滚范（虽然没有任何旋转摇摆）。最清楚明确的摇滚音乐（Rock and Roll）非小理查德（Little Richard）的《百果糖》（*Tutti Frutti*）莫属，紧随其后的则是 1963 年金斯曼乐队（Kingsmen）热门曲目的翻版《路易，路易》（*Louie Louie*）。最清晰分明的摇滚乐（Rock'n'roll）则是滚石乐队（Rolling Stones）的《我不能一无所有》[*(I Can't Get No) Satisfaction*]。最清晰明确的摇滚（rock）则要数四月酒乐队（April Wine）的《我爱摇滚》（*I Like to Rock*）。

子摇滚乐（metal）以及（20世纪90年代中期出现的）嘻哈（hip-hop）这样的音乐中。20世纪上半叶的代表音乐是爵士乐；20世纪下半叶则是摇滚乐，但是后者的意识形态比前者更流行，渗透力也更强。在影响力方面，只有电视才能与其并驾齐驱。几乎从电视诞生的那一刻起，热爱"摇滚"的人们就坚称"摇滚"已经消亡。评论家理查德·梅尔策（Richard Meltzer）声称，在1968年摇滚就已经死亡。这句话对错参半。

在这一点上，梅尔策所犯的错误显而易见，无须解释，除非你确实认为《紫雨》（*Purple Rain*）是用爵士乐呈现的。但是他的正确性更为复杂：摇滚已死，从某种意义而言，其"活力盎然"只是一种主观臆断，这种臆断取决于听众恰巧关心的准则。当某人在1968年、1977年、1994年或2005年表示摇滚已"死"时，这个人在进行一番美学争论，该争论以假定其成为当时艺术家的妥协动机为基础（通常建立在如下信念的基础上，即当代音乐家本质上实属事业狂，故而使流露于音乐中的真情实感大打折扣）。摇滚乐的流行与这种指责毫不相干。人们坚称摇滚乐早在20世纪80年代就已经死了。这一时期是吉他伴奏乐的商业巅峰。普通消费者只要不再听摇滚乐（或者至少听更新作品）时，都会宣称摇滚乐已死。这往往发生在他们毕业两年之后。这与创作摇滚乐的艺术家真正经历的事情没有任何关系。总是会有些许音乐家创作新的摇滚乐，正如总是会有少数音乐家创作墨西哥民俗音乐一样。这完全是一场关于语义的争论：只在隐喻层面存在的事物是永远不会从字面上消亡的。

但是，摇滚乐会（将会）衰退，几乎达到淡出人们视野的程度。

就本书的目的层面而言，这无异于垂死挣扎。

现在，就存在这样一个悖论（并且你知道悖论势必到来，因为这就是运作原理）：摇滚乐在文化方面的衰退与其日益增强的文化吸收紧密交织，这看似有些滞后。但是，这是它的构思产品。摇滚乐的象征价值以冲突为基础。它是二战后青少年发明的副产品。[1] 对年龄相差 25 岁的两代人而言，他们之间的代沟真实存在且波及范围很广。事实上，即使一个出生于 1920 年的人与其生于 1955 年的儿子有着同样的个性，他们也完全无法共有同一种音乐品位。这种内在的不和谐长时间赋予摇滚乐一种与众不同的价值。但是，现在这个阶段已经结束。本田商务车广告就用了奥齐·奥斯本（Ozzy Osbourne）的《疯狂火车》（*Crazy Train*）这首曲子。谁人乐队（the who）的《不再受骗》（*Won't Get Fooled Again*）曾是哥伦比亚广播公司史上最受欢迎的电视剧的片头曲。该广播公司平均收视率上榜的年代最为悠久。雷蒙斯乐队的音乐已经变成了摇篮曲。在具有讥讽意味的豪华婚礼游行中，会用弦乐器演奏快乐分裂乐队（Joy Division）的《爱会将我们分开》（*Love Will Tear Us Apart*）。美国全国广播公司曾在温布尔登网球锦标赛把九寸钉（the Nine Inch Nails）的《一些我永远无法拥有的东西》（*Something I Can Never Have*）当作缓冲音乐播放。现如今，"摇滚乐"可以表示任何含义，故而它也就毫无意义；它虽然存在至今，却无足轻重。

---

[1] 很显然，一直都有 12 至 20 岁年龄段的人活在世上。但是直到二战结束后，居于儿童体验和成人体验之间的年龄段才被人们认为是真正特定年龄段的人口。在此之前，只要你尚未开始工作或者未结婚，你都是个孩子；一旦那个时刻发生了，你就长大成人（即使那时你才 11 岁）。

摇滚乐被其自身形式的局限所桎梏：绝大多数摇滚乐都由电吉他、电贝斯和鼓演奏。20 世纪 80 年代的数字合成器创造了某种机遇，但也只是一种微乎其微的可能性。时至今日，几乎很难创作出一种完全有别于旧版的新摇滚乐。因此，现在有一种以成人为导向的音乐风格，它没有重要的象征意义，缺乏创造性潜能，无法与年轻人形成特定纽带。它的历史轨迹已经画上句号。虽然它仍会继续存在，但是却只作为自身的一种存在。**如果一些事物只剩下自身的话，那么它也就无关紧要**。正如所有伟大事物一样，摇滚乐终将从人们的视野中消失。

"对祖祖辈辈而言，摇滚乐一直都在那里，他们一直觉得无论当前流行趋势走向如何，摇滚乐总会以某种方式回归视野。"埃迪·范·海伦（Eddie Van Halen）在 2015 年夏天曾对我说道，"不知出于何种缘故，人们却感觉它这次不会再次流行起来。"

说此番话的时候，范·海伦先生已经年过 60，因此有人可能对他的这种悲情伤感嗤之以鼻，毕竟这是一个对新音乐不抱希望的人的悲观论调。然而，一些乳臭未干的摇滚乐家却赞同他的观点，那时他早已名声大噪。"我完全无法理解人们用优秀的吉他手来称呼我。"37 岁的缪斯乐队（Muse）主唱马特·贝拉米（Matt Bellamy）去年夏天这样告诉《经典摇滚》（Classic Rock）杂志，"我想这说明在过去 10 年间吉他可能并不是很普及……在我们所处的时代，知识分子，或者说具有创造性的聪明人都已经选择用电脑创作音乐。或者，他们甚至都不再从事音乐工作，而是选择从事技术工作。江郎才尽的人们已经离开音乐界投身其他行业。"人们对《开放的美国学府》（Fast Times *at Ridgemont High*）的心驰神往如今已然不复存在：我们已经没有可以成为埃迪·范·海伦这样有渴望（有潜力）的青少年。就大众文化而言，那个时代已经终结。

但是，有些人仍旧在意，而有些人则会一直关注。

即使 300 年之后，一些人将会记得摇滚乐确实出现过，而且曾影响重大。

那么，他们将会记住什么内容呢？

2.

成功的概念因人而异、随意性大，当把某人归为在所有方面都"最成功"时，这往往折射出根源性问题而非主题。所以在我做"约翰·菲力浦·苏萨（John Philip Sousa）是有史以来最成功的美国音乐家"这一论断时，要记住这一点。

进行曲的经久不衰，令人抓狂，任何阶段居住在美国的人都知道这首曲子。它是那些期望重现 19 世纪末期的电影制片人所采用的生效速写，是国庆节、马戏团和重点大学橄榄球队所使用的背景音乐。虽然它不是"通俗"音乐，但是在被众人熟知。百年之后，它的流行度将依旧不减当年。有人为整个音乐语言定下基调，这个人就是约翰·菲力浦·苏萨。即使描述进行曲的草草两行字也免不了署上他的名字。对此，我没有确切数据。但我敢断定，如果我们下意识地让所有美国人说出他可以想到的作曲家的名字，超过 98% 的人要么说出一个人（苏萨）的名字，要么什么都说不出。意识到他的名字和这首曲子之间并没有隔阂，没有理由认为这种情况会发生改变。

上述情况发生的原因（或者，至少我们决定接受的解释）在于苏萨仅仅在此艺术领域登峰造极。在短短 50 年间，他创作了 136 首进行曲，通常被形容为所处时代最负盛名的音乐家。他也拥有一些显而易见的美国特征：出生在华盛顿，是陆战队乐队（Marine Band）的成员。这使得他成为爱国音乐的完美象征。他的职业生涯已经被载入美国基础教育课程（我在四年级时就第一次听说了苏萨，这比我记住各州首府的时间还要早一年）。这似乎是主流音乐令人们记忆犹新的方式。**随着时间的推移，各种音乐流派中不相干的艺术家都会从集体的视野中消失，最后只保留一人；那时，这个人的重要性会被夸大，直至他与此流派可以互相替代为止**。有时很容易预测到这点：鲍勃·马利（Bob Marley）终将像世人记忆中的雷鬼音乐一样坚忍不拔、随性随意，对此，我毫无异议。

但是，很难想象摇滚乐会经历这个过程。

事实上，我曾向我采访的人询问过这种可能性，绝大多数受采访的人都对竟然发生过这样的现实深表无法理解，这是如此之难。他们似乎都认为摇滚乐将一直被少数几个不同的艺术家所诠释，接下来三四十年内会是如此。但是，这也是因为我们仍受困于该系统之中。摇滚乐的重要意义仍值得商榷，位于该系统内的主要人物——例如大门乐队（the Doors）、快转眼球乐队（R.E.M.）、电台司令（Radiohead）——所蕴含的相对价值仍值得探究。现在，摇滚乐仍旧折射出包罗万象的宇宙。然而，300 年后必将不会如此，因为从未有文化会一直这样。它终究会被某一位艺术家所阐述。

当然，对此种假设，有一种回应直接中肯、明智合理，即甲壳虫乐队。一切逻辑均指向他们的支配地位。[1] 活跃时期的甲壳虫乐队曾是世界上最受欢迎的乐队。如今几十年过去了，他们的受欢迎度只不过略减当年而已。他们诠释了"摇滚乐队"的应有风貌，因此所有紧随其后的摇滚乐队（有意识或无意识地）都是以他们自然呈现的模式为蓝本。前面提及过，他们解散 10 年后曾一同参加节目《艾德·苏利文秀》（*The Ed Sullivan Show*）。人们往往把这次合体称为其他乐队的"发源地"，认为 20 世纪 70 年代的文化可能都是由他们创造的。可以说，他们发明了一切，包括乐队解散这个概念。甲壳虫乐队是首支自己写歌的乐队，这使得歌曲创作成为组成乐队的前提条件；他们所发行的单曲无意中成为所有摇滚乐的分支类型，比如重金属摇滚乐 [《手忙脚乱》（*Helter Skelter*）]，迷幻音乐 [《未知的明天》（*Tomorrow Never Knows*）] 以及乡村摇滚 [《我只能哭泣》（*I'll Cry Instead*）]。尽管这样做显然很主观，但是甲壳虫乐队创作了最好的歌曲（或者，至少而言，在最短的时段内创作出数量最多、经久不衰、令人熟知的单曲）。

---

[1] 事实上，可以想象，在离奇遥远的未来，摇滚乐沦为甲壳虫乐队的脚注，只有在该乐队碰巧追寻摇滚乐这种方法时，它才显得很重要。《滚石》（*Rolling Stone*）杂志的作者罗伯·谢菲尔德（Rob Sheffield）就已在众多场合（至少在两个不同酒吧）做过这种论述。而且这也并非仅仅是某种回顾性的观点——人们在该乐队解散时就推测过这种可能性。当 1970 年哥伦比亚广播公司新闻报道了该乐队合法解散的消息时，播报员半开玩笑地将此次解散归类为"最具影响力事件，以至于未来某一天历史学家可能会将此列为大英帝国衰败的标志"。

"看，我们曾写了不少好歌。"保罗·麦卡特尼（Paul McCartney）曾在 2004 年这样说，"你们看看《左轮手枪》（Revolver）或者《橡胶灵魂》（Rubber Soul）。无论以何种标准评判，他们的努力都有模有样。如果他们不是优秀，那么又有谁能称得上优秀呢？"像这样的论断本应该被视为狂妄之言，但是考虑到其出处和主题，这句话实际上却被视为自我贬低。

关于甲壳虫乐队仍有许多不解之事，几近于超然之物——例如，他们的音乐与蹒跚孩童产生共鸣的方式，或者与查尔斯·曼森（Charles Manson）[1] 产生共鸣的方式。很难想象会有另一个摇滚乐队中一半的成员遭遇暗杀。在任何一个合乎情理的世界里，对于"谁是摇滚界的苏萨？"这个问题，甲壳虫乐队是正解所在。

然而，我们所处的世界并不通情达理。明天的提问方式（很可能）与今天的提问方式全然不同。我会认为 300 年后甲壳虫乐队仍被铭记于心吗？会的。我相信甲壳虫乐队是摇滚界的苏萨（同时，迈克尔·杰克逊则是流行音乐的苏萨[2]）。如果这是本预言之书的话，那么上述内容正是我所做的预测。但是，这是一本关于犯错的书，我对错

---

[1] 查尔斯·曼森是美国历史上最疯狂的超级杀人王，他所控制的邪教组织丧心病狂、杀人如麻。

[2] 那些坚持认为甲壳虫乐队是流行乐队（与摇滚乐队相对立）的人把这种对比复杂化。这种对立足于甲壳虫乐队与布鲁斯音乐毫不相干的观点。此观点基本上算是正确的——约翰·列侬（John Lennon）曾把《耶尔布鲁斯》（Yer Blues）曲目形容为一种拙劣的模仿。但是，在此我并不担心这样的差别，因为这样的担心可能会让你陷入"摇滚主义对战流行主义"的旋涡中。这是一种虚构的冲突，即如果作曲家是阿伦·索尔金（Aaron Sorkin）所改编的电视剧中人物的话，他们会如何对话。

误的信仰要远远高于我对甲壳虫乐队无懈可击地位的信念。**我认为未来可能发生的事并非是未来将要发生的。因此，我只会考虑未来可能发生的事。**

3.

摇滚的双重性是造成棘手问题的部分原因：不知何故，它既显而易见又模糊不清。摇滚的核心隐喻——嘎吱嘎吱的吉他、四四拍、高亢的声音、披着长发、穿着皮裤、性欲、毒品以及非特定的叛逆——看起来就像一幅可辨认出不同互换度的音乐讽刺漫画。从长远来看，弗搁特乐队（Foghat）、外国佬乐队（Foreigner）以及声音花园乐队（Soundgarden）三者之间的区别微不足道。但是音乐文化中的对话却专注于这些细微之处：例如，在第一首摇滚歌曲是哪首歌——虽然最普遍的答案是 1951 年的《火箭八八》（*Rocket 88*），但还是没有最终定论——方面，人们始终没有达成一致。最终，摇滚乐的定义被扩大到人人赞同的地步，每个人对摇滚乐的广义的定义基本一致，对摇滚音乐的操作性定义则完全富有个性化。

大卫·拜恩（David Byrne）是一位又高又瘦的自行车爱好者，以担任传声头像乐队（Talking Heads）领奏而被众人熟知，他表示："我认为摇滚乐相当明确。查克·贝里（Chuck Berry）、早期的甲壳虫乐队、滚石乐队以及其他一些知名乐队。到 20 世纪 60 年代末，我认为除了一些冥顽不灵者之外——他们中的许多人都不错—— 一切都已结束。现在的音乐则集恢宏壮丽、自我意识和附庸风雅于一体。"

除了与传声头像乐队合作之外，拜恩还写过一本名为《制造音乐》（*How Music Works*）的书，这也是为什么我想向他请教关于摇滚乐何以在摇滚时代之外延续这一问题的原因所在。我真的很想知道，在时间的长河里音乐是如何诞生的。令人惊讶的是，他对自己在这方面的权威度予以否定。和流行音乐出现的情况一样，他把自己的观点归功于一个年轻人——他的女儿（出生于 1989 年）。

"如果我的女儿和她的一些好朋友对地下丝绒乐队（Velvet Underground）有所耳闻，这并不会令我诧异。但如果她们听说过 20 世纪 60 年代后期一些冷门乐队，我会大为吃惊。联盟乐队（The Association）？顽童合唱团（The Monkees）？电光交响乐团（ELO）？我敢打赌她闻所未闻。也许她听说过老鹰乐队（Eagles），但可能只知道电台播放过的《加州旅馆》（*Hotel California*）。也许她听说过感恩而死乐队（Grateful Dead），但可能连他们演奏过的一首歌都没有听过。"

我怀疑，拜恩下意识地对流行音乐鉴赏的一个方面做出反应，这使得关于流行音乐鉴赏的其他内容也若隐若现：新的暴政。由于摇滚、流行乐和说唱与青年文化紧密联系在一起，因此就产生了一种永恒的理念。该理念认为，只有年轻人才真正知道何为善。这是唯一一种主要的艺术形式。在此之中，随便一个 14 岁孩子的观点要比一位 64 岁学者的分析更有参考价值。（这就是为什么时常发现有资历的作曲家拥护一些随后被推翻的新艺术行为的原因所在——一旦达到一定的年龄阶段，流行音乐评论家们就会认为他们有义务质疑自己的品位）即使那些与拜恩一脉相承的人也觉得自己必须尊重后起之秀；他和蔼可亲地表达了自己对某个完全熟知用语的困惑之情。考虑到这种困惑在这一切中所发挥的作用，他也就不会受到困扰。

"我记得在约翰·凯里（John Carey）的书 [1] 中读到这样一句话：莎士比亚和伦勃朗（Rembrandt）所处时代被人们认为无足轻重。"拜恩总结道，"凯里的观点是，不存在绝对永恒不朽的艺术价值，潮起潮落是必然现象。无论我认为汉克·威廉姆斯（Hank Williams）是多么经典和永恒，100 年后，可能不知从哪里会冒出莱克查尔斯某位牧师的一段晦涩难懂的录音，抢走王冠。这种事总是发生。一些粗制滥造的商业垃圾也可能受到文化的重新评价。我们目睹过这种事情的发生。据我们所知，对当地人而言，经典古希腊戏剧都是一些白天表演的戏剧。我现在便可预见——100 年后，大学生们将会对《三人行》（*Three's Company*）剧情的细节之处予以分析！"

4.

拜恩的提议几乎适用于本书的所有主题，可能尤其适用于摇滚乐，就本质而言，这是一种荒谬且盲目的追求。当猫头鹰与河豚

---

[1]《艺术有什么用？》（*What Good Are the Arts?*）

乐队（Hootie and the Blowfish）的《混淆视听》（*Cracked Rear View*）销售量攀升至 1,600 万的时候，滚石乐队的《颓废大街》（*Exile On Main Street*）只有一次晋级为白金唱片。对此，人们既无法预测又不能理解。虽然（在媒体初期）涅槃乐队（Nirvana）的《少年心气》（*Smells Like Teen Spirit*）被视为所处时代的最典型歌曲，但很难解释它为何在百强单曲排行榜中位列第六名。事与愿违的是，摇滚乐漫漫的历史被随便一首二流曲目形式化的可能性非常大。

摇滚乐所扮演的辅助角色大大增加了这种可能性。很多时候，摇滚乐都和更可以承受时间洗礼的其他事物一同使用，不经意间提升了原本要销声匿迹的歌曲的知名度。这里举个简单例子：电视。从现在起三四代以后的文化史学家要"研究"当前的娱乐媒体时很可能会选择电视，因为他们认为在 21 世纪电视是一种意义重大的艺术形式。《黑道家族》（*The Sopranos*）是首部具有这种新严肃性的电视剧。因此，那些对电视演化感兴趣的未来学者总是会看重这些特定电视剧并且进行再次审查。《黑道家族》史上最富解释性的时刻是大结局中最后一幕的就餐场景。那是一个长镜头，对话很少，背景音乐播放的是旅行乐队（Journey）的《不要停止相信》（*Don't Stop Believin*）。选择此插曲是否是要达到反讽的意味已经无关紧要，对这首歌曲是批判式（消极传统）还是受欢迎式（积极传统）的评价也毫无意义：只要《黑道家族》仍占据重要地位，那么《不要停止相信》这首歌也就一直存在。让我们想象一下，在未来，关于《黑道家族》的学术研究持续不断且面面俱到。我们假设一番，《黑道家族》与《教父》（*The*

Godfather）系列电影、《好家伙》（*Goodfellas*）以及《无间道风云》（*The Departed*）归为一类，它们再现了 20 世纪美国史上不可或缺的小人物——白人犯罪集团，是理解当时社会的一种方式。如果真是那样的话，每一处细节都将值得深思。忽然间，那些从不关心音乐史的人不得不注意旅行乐队。被夹杂在电视剧中的这些歌曲需要被解读。既然旅行乐队是经典摇滚乐老生常谈的代表，那么它将会成为摇滚乐本应为何物的简化模型。

"当你在谈论来自任何时候的个体艺术家时，所有这些人都存在于一台混乱的清洗机中。"音乐家瑞恩·亚当斯（Ryan Adams）坐在一辆汽车后座上打电话时这样辩论道。那时他正在丹麦进行巡回演出。亚当斯是位狂躁而高产的作曲家，他创作过诸多风格的音乐（15年间，他录制了 15 张专辑，8 张 EP 唱片以及数百首从未正式发行的其他歌曲）。他也是一位发表过作品的诗人、直言不讳的弹球戏爱好者、时常醉酒的傻瓜和合法的另类思想家。"像莫扎特（Mozart）、巴赫（Bach）这样的人仍旧有价值，因为他们要么和英雄之旅背道而驰，要么是后者的具体表现。他们的生死与我们对其音乐价值的评估休戚与共。也许，是他们的生或死把人们的注意力吸引到其作品上。或者你在谈论像贝多芬（Beethoven）这样失聪的音乐家，但是，一旦涉及如何将此应用到摇滚乐中时，它就成了一个更为复杂的问题。古典乐的谱写过程极其复杂，需要注重聆听细节之处，愿意真正思考、切身体会。这在文化层面上与性手枪乐队（The Sex Pistols）有些差异，后者则以更为直接的方式震撼人、唤醒人、惊吓人或者使人亢奋，由此来刺激人们。但是，这也是一切文化发展的方式。人们似乎已经更加厌恶做人。"

亚当斯声称，人们对摇滚乐的喜爱比对古典乐的喜爱更难捉摸，这种分歧会大大增加摇滚乐因非音乐缘故而影响深远的可能性。人们对摇滚乐和古典乐的欣赏缺乏理性成分——主观上的炫酷感成为关键的美学因素，任何情感交流都可以胜过一切。奇怪的是，这却成为使得摇滚乐引人注目的重要部分：优秀（或拙劣）的评判标准并非始终如一。有时候，技艺精湛不可或缺；有时候，它却被视为一种弊端。古典乐几乎从未遇到过上述情况。在古典乐中，天赋无法转移，是无所不在的目标。然而，只要时间充足，两种音乐风格便会在历史空间中交织。艺术家的极少部分节录乐曲就可以完全代表这两种风格。

"当你在欣赏古典乐剧目时，你无法真正抱怨一帮平庸之辈把真正有才的作曲家排挤在外。"亚历克斯·罗斯（Alex Ross）说道。他写了《剩下的都是噪声》(*the Rest Is Noise*) 这本书，该书一共 720 页，探究了现代古典乐。罗斯年轻的时候也是位一流的摇滚作曲家（2001 年他曾写过一篇关于电台司令的文章，该文章是迄今为止关于该乐队写过的最好的文章）。"如果蒙特威尔第（Monteverdi）代表文艺复兴后期和早期的巴洛克（Baroque），海顿（Haydn）和莫扎特则代表古典乐时期，贝多芬（Beethoven）、舒伯特（Schubert）、威尔第（Verdi）、瓦格纳（Wagner）和勃拉姆斯（Brahms）代表 19 世纪，那么你要尽情享受作品盛宴。子孙后代在这方面的判断或多或少是正确的，尽管莫扎特已经成为一个乐团的名字并且开始售票，还有假说认为莫扎特的所有作品都值得商榷。事实上，大量的莫扎特作品所蕴含的天赋并没有伸展至每个小节上。与此同时，在他所处时代还有一些诸如卢伊吉·博凯里尼（Luigi Boccherini）这样的作曲家，他们曾创作出许多令人心驰神往的美丽乐章，即使你不会断言他们已经与莫扎特并驾齐驱。所有曲目终究在名人逻辑上运作。虽然他们恰巧成为身怀奇异禀赋的知名人士，但是我们仍旧会向胜者为王的心态屈服。简而化之的背后有一种基本原因：妥善应对多种多样的过去绝非易事，因此我们要使用过滤器，选定几个佼佼者。"

的确如此。

5.

瑞恩·亚当斯引用了"英雄之旅"，该论点与你们从神话学家约瑟夫·坎贝尔（Joseph Campbell）那里所获得的内容相似：此观点认为所有故事基本上都是同一个故事。它是一个叙事模板，坎贝尔称之为"单一神话"。[1] 在西方文化中，几乎所有事物都是通过讲故事

---

[1] 这里坎贝尔对单一神话的叙述出自他所写的《千面英雄》（*The hero with a thousand faces*）一书："一位英雄从平凡的世界冒险进入一个超然神奇境地，在那里遇到了神话魔力，取得了决定性胜利。英雄从神秘冒险中归来，拥有了可以施恩于人的力量。"这有点受到卡尔·荣格（Carl Jung）集体无意识观点的影响，在很大程度上需要用到象征主义——"超然神奇境地"可以是任何具有创造性的精神之物，而"神秘冒险"（以及后来的恩惠）仅仅是一种成效显著、意义重大的生计方式。这种类型的暗喻与坎贝尔另一个核心理念密切相关，该理念认为，一切宗教并非停留在名义上，而是真实存在的。

的方式而被人们所理解，这通常对现实是一种危害。当我们讲述历史时，往往会采用某人的生活经历，即一个特殊"英雄"的旅程，将其作为折射出其他一切事物的三棱镜。在摇滚乐中，有两位候选人明显符合上述要求：埃尔维斯·普雷斯利（Elvis Presley）和鲍勃·迪伦（Bob Dylan）。尽管甲壳虫乐队是最著名的音乐团体，但是埃尔维斯和迪伦则是卓越不凡的个体，他们地位显赫到我不需要使用埃尔维斯的姓和迪伦的名。

现在，这也并非作为声效概念的摇滚乐的完美表现形式。据说，普雷斯利发明了摇滚乐，实际上他却以具有开创性的"前摇滚"形象呈现于众，无法代表后《橡胶灵魂》（post-*Rubber Soul*）领域，该领域有力界定了何为音乐的概念。他也很早从摇滚文化退出——1973年，他几乎已经出局。与其相反，迪伦的职业生涯横跨整个摇滚乐，但是他从未出过一本传统意义上的"摇滚"唱片 [现场专辑《暴雨将至》（*A Hard Rain's A-Gonna Fall*）或者歌曲《飓风》（*Hurricane*）可能是最接近的了]。

当然，他们仍旧是摇滚乐者。他们被合称为开创精神的核心，对我们所理解的各种形式产生深远影响（其中包括甲壳虫乐队本身，如果没有埃尔维斯，也就不会有该乐队的存在，如果没有迪伦，也就不会有人继续对甲壳虫乐队进行深入探索）。一两百年或者 500年之后，由埃尔维斯和迪伦的双人组合所代表的"摇滚"概念不偏不倚、奇怪而又精准。但是随着时光的飞逝，双人组合的概念会变得越来越令人费解。文化很容易舍去其一，埃尔维斯和迪伦的故事很难交织在一起（他们很可能只在拉斯维加斯的一间酒店客房中相遇）。在我写这句话的时候，埃尔维斯和迪伦的社会地位旗鼓相当，甚至可能平起平坐。但是随着时间缓慢推进，其中一人完全有可能变得踪迹全无。如果真是那样的话，将带来巨大的影响。倘若我们承认"英雄之旅"是一个实际存在的故事且以此来使我们了解历史的话，那么这两位英雄间的不同将会彻底改变人们对摇滚乐应有面貌的描述。

　　如果埃尔维斯（减去迪伦）成为摇滚乐的定义，那么摇滚乐将会以娱乐的形式留存在人们的记忆中。和法兰克·辛纳特拉（Frank Sinatra）一样，埃尔维斯并不写歌，他只解读别人写的歌（例如在解读辛纳特拉方面，他就做得非常出色）。但是，他把写歌的核心本质从摇滚乐方程式中移除，从而改变了其社会价值所包含的情境。它成为一种表演艺术形式。在这里，歌曲所蕴含的意义没有唱歌的人重要。它成为一种音乐个性，埃尔维斯所扮演人物角色的主要特质——他的性感、他的刚毅、他那大于生命的魅力——成为摇滚乐的显著标记。他每况愈下的身体和隐遁式的终结成为整个文化的寓意。这对摇滚乐的追忆往往会添加一抹悲剧色彩，时不时被暴食、吸毒以及白人投机分子对黑人文化有意识的偷窃所打断。但是，如果迪伦（减去埃尔维斯）成为摇滚乐的定义，那么所有一切都会发生大反转。在这种偶然情况下，抒情的本真性成为全部：摇滚乐被镀上了一层知识工艺，与民俗传统缔结。人们记忆中的摇滚乐将比真实存在的更具有政治色彩，比迪伦本人还富有政治性。实际上，迪伦并没有一副传统意义上的"好"嗓子，这反而证明摇滚乐的听众认为内容要优先于形式。他 70 年的航程与 50 个自治州的折中组合如何最终成为所谓"美

国"之邦这个最浪漫的版本相呼应。

这种潜在过程有两种绝佳版本。但这两种版本都不是十全十美的。

当然，还有另外一种方式来思考上述内容如何上演，这种方式可能更近似于史学家真正建造的方式。我在创造一个二元现实，在这里埃尔维斯和迪伦以平等身份开始了名垂后世的竞逐，只要有一个人倒下消失即可，另一个因缺席而获胜（可能会发生这样的事）。但是，也可能反过来。一个更合乎情理的场景是：未来人们将会决定自己如何铭记摇滚乐，无论他们做出什么样的决定都会被称为缔造者的人支配。如果构建的记忆以夸张的漫画手法呈现出爆炸头式的竞技摇滚，那么埃尔维斯很可能是获胜者；如果是关于朋克圣徒传的活泼而非现实幻影，那么获胜的可能就是迪伦。但是，两种结果都会直接指引我们回到同一个难题上来：**是什么让我们记得那些铭记于心的内容？**

6.

"**绝大多数商业音乐在创作它们的那一代人去世的时候也就销声匿迹了。**"泰德·乔亚（Ted Gioia）在给我的一封电子邮件中这样写道，"我还是个小伙子的时候，许多成年人详尽地向我介绍了 20 世纪20 年代的流行音乐。他们告诉我乐队和歌曲的名字、流行的原因和演出的地点。现在这些歌迷都去世了，只有少数几位专家可以理解这些音乐——即便这些专家也无法像我的祖辈那样直观深入地掌握这些音乐。每一代人死去之后，只有少部分歌曲和艺术家的声望会留存下去。20 世纪 20 年代，路易斯·阿姆斯特朗（Louis Armstrong）所出售的唱片并没有本·塞尔文（Ben Selvin）多，但是前者因受到评论家、史学家和后来音乐家的推崇而声名久传。一些艺术家在文艺界和商业界的排名中都大获全胜，例如平·克劳斯贝（Bing Crosby），但是要想保持声望则需要在艺术方面登峰造极。当那些买唱片的人已经逝去的时候，唱片发行量便不再重要。"

乔亚是位史学家，以其关于爵士乐和三角洲布鲁斯（Delta Blues）的权威著作享誉学术界。但是，他在公众中的主流形象在 2014 年才达到巅峰。那时他发表了一篇关于音乐评论的短文，这篇文章激怒了一个永远处于愤怒状态的音乐评论派别。乔亚断言，21 世纪的音乐创作已经沦落为一种生活方式报道的形式，有意忽视音乐本身的技术细节。不少评论家对他把这种攻击个人化，指控乔亚贬低了他们的职业价值。[1] 鉴于乔亚把很大程度上的原因归功于唱片评论家，这很具有讽刺意味。在乔亚看来，专家是历史的激

---

[1] 这种争议虽然微不足道却异常滑稽。乔亚有关音乐创作的问题——过分沉迷于知名人士——成了近乎 40 年来音乐评论家私下讨论的内容。乔亚只是从一个未参与其中的局外人角度把这个问题写下来并公之于众。但是更为紧迫的是，我不太确定此种分类（即便是真的）是否有些棘手。生活方式的报道如果得当的话是可以反映出艺术是如何被理解、被接受的。它与绝大多数消费者和流行音乐的互动方式一致。我无须为了认识到比利·吉恩（Billie Jean）的低音线如何成为一种卓越水准而分析吉他的低音六线谱。在什么样的领域中阅读关于拍子记号和变化和弦的文章是件趣事呢？我想知道更多关于异丙酚麻醉剂、象人头骨、打到罗素·克劳（Russell Crowe）下榻酒店房间的恶作剧电话的内容。我想了解那个在脑海中想象出低音线人的相关情况。

发者。在任何给定的时间段内，音乐评论家对什么样的音乐受人欢迎几乎毫无影响力，但是他们完全可以决定把哪些过气的音乐再次介绍给众人。

"久而久之，评论家和史学家将在决定何人声望经久不衰方面扮演更大角色。商业因素影响较少。"他写道，"我不明白为什么摇滚乐所遵循的轨迹完全不同于爵士乐和布鲁斯。例如，1956 年，尼尔森·瑞铎（Nelson Riddle）和莱斯·巴克斯特（Les Baxter）唱片的销售量超过了除埃尔维斯·普雷斯利之外的所有摇滚乐家，但是史学家和评论家并不关心 20 世纪 50 年代的单身公寓音乐。在强调摇滚乐崛起的时段，在把其他一切当作背景期间，他们已经形成了一种历史观点。1957 年，泰布·亨特（Tab Hunter）的《稚爱》（*Young Love*）销售量要高于查克·贝里（Chuck Berry）、杰瑞·李·刘易斯（Jerry Lee Lewis）、法兹·多米诺（Fats Domino）的任何一部作品。亨特曾连续六周位居美国音乐排行榜榜首。然而，评论家和史学家对多愁善感的爱情歌嗤之以鼻。因此，这些艺术家及其所创作的歌曲要想在历史书上占据一席之地，得付出艰辛努力。相比而言，一些僭越的摇滚乐手反而会名垂千古……现在，电子舞曲销售量很可能超过嘻哈音乐。在我看来，这是 20 世纪 70 年代朋克与迪斯科对决的再次上演。我预测，在此次对战中，前卫的嘻哈音乐终将胜出，尽管电子舞曲被视为另一种盲目的舞蹈狂潮。"

在此，乔亚提及了各式各样多变的观点，尤其是僭越艺术会占据人们大量的记忆空间。他以朋克和迪斯科两者之间敌对的分界为例：1977 年见证了这两者发行量的对决，迪斯科原声带《周末夜狂热》

（*Saturday Night Fever*）和性手枪乐队的《别理那些小痞子，这里是性手枪》（*Never Mind the Bollocks, Here's the Sex Pistols*）。《周末夜狂热》的原声带销售量超过 1,500 万张；而《别理那些小痞子，这里是性手枪》却花了整整 15 年的时间才达百万张。然而，几乎所有流行音乐方面的史学家都会认为性手枪乐队比比吉斯乐队（the Bee Gees）地位要高。同年，性手枪乐队首张专辑终于突破百万大关，*SPIN* 杂志把他们评为史上七大最棒乐队之一，《别理那些小痞子，这里是性手枪》被白宫唱片收藏馆珍藏。单凭现存至今这一点就足以提升该唱片的地位：1985 年，英国《新音乐快递》杂志（*NME*）将其列为史上最伟大的 13 张唱片之一；1993 年《新音乐快递》杂志重新列出榜单，认为该唱片位居前三，实至名归。这与它的僭越身份和音乐完整性有很大关系。该唱片公然离经叛道（因而令人印象深刻），而《周末夜狂热》则是肤浅文化中的预设图腾（故而很容易被遗忘）。40 年来，这是一个无法抗拒的共识。但是，我已经注意到——仅仅在近四五十年——这种共识正悄然变化。为什么？因为"僭越"的定义发生改变。把迪斯科贬为肤浅之物已经不是恰当的了。我们越来越多地意识到迪斯科如何潜移默化地将都市同志文化扩散到白人郊区，这比在英国电视脱口秀中说"他妈的"所蕴含的僭越意义更深。因此，朋克与迪斯科的两极对立是否可能消除？暂时会的。在颠覆我们应该如何记住 1977 年方面，可能人人都有决定权。但是，这里还涉及另一层面，超越假设逆转的层面：接触朋克和迪斯科的那些人都已去世，归于尘土，对于那一刻的感受如何，没有活下来的人可以反驳这一点。一旦出现这种情况，对僭越的争论也就戛然而止，剩下的也只有音乐了。这意味着性手枪乐队再次胜出（或者，他们也可能败得更惨，这都取决于裁判）。

"我有部分侧重实际、受正义驱动的思想认为——或者说，需要认为——金子总会发光，顶尖作品会凭借其优秀所在而历久弥新。"刚正不阿的作曲家阿曼达·皮特斯克（Amanda Petrusich）这样说道，"音乐变得具有象征意义——成为一种简要表达——因为这是最有效的方式。当然，把'有效'应用到艺术上时就会产生滑坡效应，尤其对艺术所激发的情感更是如此。该理论假设人们可以用同样的方式理解、聆听特定风格中包含的所有歌曲。不过，是啊：我认为其中精华占比最大。可能这听起来有些天真幼稚。"

皮特斯克写了三本书，其中最著名的是《不要给钱就卖》（*Do Not Sell at Any Price*）。该书深入探究了 78 转黑胶唱片收藏家的迷人世界。它所记录的人们（绝大多数是男性）正在积极构建一个包含特定音乐领域的世界——他们收集古老而罕见的唱片，这些唱片由不再使用的虫胶原料压制而成，可以按照唱机上设定的最快转盘速度转动。从许多方面来说，这种收藏形式无异于一种技术追求。唱片本身的晦涩难懂是吸引他们的核心所在。然而，从心理层面而言，这正是以收藏家认为在音乐方面至关重要的内容为基础，他们的选择与 1933年发生的事情之间的关系变幻无常。

"这个'垃圾'的风格有点像乡村布鲁斯，竟然会有人收藏。"皮特斯克说，"特定人士在何物可以经久不衰方面做出了特定选择。在这种特殊情况下，人们做出这样的选择，从中挑选出可以实实在在幸存的唱片，这些人正是 78 转黑胶唱片的收藏家。如果你对我所列举的典型例子深表赞同——我认为其中大多数是真的——收藏家是局外人，感觉自己被社会边缘化，他们个人深深被音乐所折射出的情感所吸引。现如今，人们一想到三角洲布鲁斯的时候，便会想起像斯基普·詹姆斯（Skip James）这样的乐手。詹姆斯创作了听起来令人毛骨悚然的唱片，这些唱片在他所处的年代并未受到欢迎和重视，就连古怪的"粉丝"和追随者都没有。但是，收藏家却听闻过，他们意识到他内心的煎熬。詹姆斯也因此成为象征标志。"

当然，这一过程总会有些讨喜之处：一想到怪异者开始决定陈年旧事孰重孰轻就会感到很有趣，因为只有怪异之人才最在意。在78转黑胶唱片市场尚未萧条前的狭隘世界中，怪异者变成了唯一关心的人。但是，在摇滚乐变得与世隔绝、晦涩难懂之前，还有一段极其漫长的时间。有许多预先存在的媒介史会很容易颠覆现状。摇滚乐的意义——至少在广义层面上——已经僵化。"只要艺术家被神圣化，我认为无论这些人是谁、有何种作品，都会以最简单、最直接的方式体现出'核心'特质。"皮特斯克总结道，"当我在思考摇滚乐时，在琢磨谁会最终留存下去时，就会立马想到滚石乐队。我们都认为摇滚乐就应该听起来像滚石乐队演奏的那样——散漫而又狂热。他们的故事折射出了那种散漫、狂热的特质和风格。他们非常棒。"

确实如此。滚石乐队非常优秀，即使他们在发行像《通往巴比伦之桥》（*Bridges to Babylon*）这样的唱片时也是如此。他们比那些与其竞争的乐队都要长久，在他们的职业生涯中所卖出的唱片数量超过目前巴西的总人口数。从信誉角度而言，除了他们宣传自我的方式外，滚石乐队无可非议。他们曾在超级碗橄榄球赛（the Super Bowl）上演出过，代言过凯洛格（Kellogg）广告，参演过一集《飞跃比佛利》（*Beverly Hills, 90210*）。最大的摇滚乐报道媒体的命名也多半受其影响。乐队成员在几大洲都遭到过逮捕，在加利福尼亚州举办过有史以来最具灾难性的演唱会，自 1969 年起就自封为"世界上最伟大的摇滚乐队"（令人惊讶的是，人们对此毫无异议）。摇滚乐的集体记忆[1]应该与最能够准确表达摇滚乐真正为何物的艺术家的记忆相吻合。从这样的前提出发，滚石乐队是极其有力的证明。

但这并非最终答案。

7.

1977 年，美国国家航空航天局（NASA）将旅行者号（Voyager）无人探测器送入太空。它现在仍然在太空中，永远不受地球引力影响。

没有任何人造飞行器能够像旅行者号一样飞得这么远。1990

---

[1] 我往往会只关注一些特定词语的内涵和定义，尤其是"摇滚"一词。有时，我认为就字面意思而言"摇滚"是整个风格中最重要的特征，正如前缀"rag"（拉格泰姆调）似乎是所有拉格泰姆音乐（ragtime）的关键细节。在给乐曲命名时最常使用"摇滚"一词的艺术家可能会成为历久弥新的摇滚艺术家。这意味着最终代表摇滚风格的乐队将会是交流 / 直流乐队（AC/DC）（他们在职业生涯里的 23 场不同的演出中做到了）。奇怪的是，与其他任何可能的设想相比，这将是最好的解决方案。

年，它经过冥王星，现在正在星际荒地中游荡。由于希望这艘飞行器可以被外星人发现，因此，美国国家航空航天局在飞行器上放置了一张由黄金制作而成的唱片，同时附上了如何播放它的草图。这张唱片的内容由卡尔·萨根（Carl Sagan）领导的团队所选取。如果外星人播放了这张唱片，它应该可以反映出地球的生命种类多样、精彩纷呈。很显然，这预设了很多疯狂的希望：比如唱片会以某种方式被发现，作品无论如何都完好无损，发现唱片的是类人类的外星人，这些与人类似的外星人可以看见、听见刺激物，而且他不会仍然在听着八轨音频。宇宙中任何一个外星人播放这张唱片的可能性只比我已故的父亲会播放肯德里克·拉马尔（Kendrick Lamar）专辑的可能性略高一点。但是这是个乐天派萨根式想法，很有意思，而且即使有一天太阳吞噬了地球，也确保有一首摇滚歌会被留存下来，那就是查克·贝里的《约翰尼·B.古德》（*Johnny B. Goode*）。这首歌是由提莫西·费里斯（Timothy Ferris）选的，他是一名科学作家，也是萨根的朋友，曾为《滚石》杂志撰稿。费里斯被认为是唱片的实际制作人。民俗学家艾伦·洛马克斯（Alan Lomax）可能对选择贝里的歌曲持反对意见，他认为摇滚歌曲太幼稚，无法反映出地球所取得的最高成就（我在想，洛马克斯并未深陷性手枪乐队和《周末夜狂热》的争论中）。

《约翰尼·B.古德》是旅行者号唱片中唯一的一首摇滚歌曲，尽管还要考虑其他一些歌曲。《太阳出来了》（*Here Gmes the Sun*）是备选曲目，而且甲壳虫乐队的四名成员都希望把它收入唱片中，但是他们都没有这首歌的版权，出于法律原因放弃了这首歌。[1]1977 年发生的这件事也很重要：1977 年，《约翰尼·B. 古德》已经问世长达 19年，在当时看来这首歌已经很老了，如果这个计划在 2016 年被推行，那么选择一首 19 年前的歌曲则完全超出想象（除非你发现我是一名把最初的聆听机会献给汉森兄弟的天体物理学家）。我认为这是《约翰尼·B. 古德》被选中的主要原因，并且这似乎是明智之举。但选择它的原因不仅仅局限于此。无论是有意识还是偶然，它是美国国家航空航天局最可能选取的作品。这是因为当（或者说如果）你孙子的孙子回顾过去重新思考摇滚音乐的时候，查克·贝里很可能成为艺术界的备选。可能，我们对甲壳虫乐队和滚石乐队的看法是错的；可能，音乐只会对那些记忆犹新的人产生影响。

在前面的 2,000 字之前，我在埃尔维斯或迪伦成为摇滚唯一的图腾的情况下，对摇滚将会被人铭记的不同方式加以推测。如果名人文化像统治现代一样主宰历史的话，那么这就是真的。如果让我们先挑选人物的话，那么这个人的作用将成为流派的形式。但是如果反过来会怎样呢？如果把摇滚的所有个体组成部分拆得七零八落，只留下一串模糊的痕迹，而摇滚乐则被归为难忘的比喻集合体，那么这将会怎么样呢？如果这种情况发生的话，历史学家将重新构建一个谜题般的流派。他们会把这些比喻看成一套套装，并试着决定哪个人穿这件衣服合身，这套理论套装是为查克·贝里量身定制的。

---

[1] 很可能这样做出于好意。美国国家航空航天局不想让外星人高估乔治·哈里森（George Harrison）所发挥的创造性作用。

摇滚乐是一种简单、直白、有节奏的音乐，而查克·贝里正是创作这种音乐的人。摇滚乐是以白人音乐家为主流的黑人音乐，尤其是英国白人音乐家。查克·贝里是一名对基思·理查兹（Keith Richards）和吉米·佩奇（Jimmy Page）有直接影响的黑人。[1] 摇滚乐根植于美国南部。[2] 查克·贝里来自圣路易斯（St. Louis），该地区在一年的绝大多数时候都让人有种在南方的感觉。摇滚乐沉浸在性中。查克·贝里有性瘾癖，是美国头号风流人物。摇滚乐肆无忌惮。查克·贝里40岁前就蹲过两次大牢。摇滚乐与神话和传说息息相关（以至于摇滚乐地位的下降与互联网兴起、坊间故事受到破坏同时发生）。查克·贝里是众多城市传奇的主题，其中一些故事可信度较高（似乎往往与廉价、暴力以及性发泄相关）。约翰·列侬（John Lennon）有句名言："如果你试着给摇滚乐再起个名字，那么你可以称之查克·贝里。"这句话如同我们置身于完整的索萨场景一样，在这里，人与物的意识形态可以互换。我们理解摇滚乐最纯粹的精华之处正是查克·贝里。虽然他创作的歌曲至关重要，但这次于他是何人和他为何创作这些问题。他就是思想本身。

---

[1] 有人可能会反驳，我在这里描述的艺术家实际上听起来更像是吉米·亨德里克斯。但问题是：亨德里克斯的探索性天赋和音乐词汇如此独特，以至于他最终成了"纯粹精华"的完全对立面。他富于创造力，除了自己之外无法代表任何人。

[2] 1995年，美国公共广播公司（PBS）出品的迷你剧《摇滚乐的历史》（*The History of Rock and Roll*）中有一个精彩片段，格雷格·奥尔曼（Gregg Allman）对"南方摇滚"这个叫法嘲弄了一番。他称，所有的摇滚乐都源自南方："一提到南方摇滚就像在说摇滚。"奥尔曼还没换肝时，就产生了这种思想。

8.

　　并非所有人都深表赞同，也并非每个人都和我保持一致。"我认为，最纯粹的升华并非是巨大领域如何被单一人物所替代。"小说家乔纳森·勒瑟姆争辩道，"我认为单个人物既非发明家，也不是最纯粹的精髓所在，而是极具包容、机智聪明的人，其丰富成果往往令人难以置信。"瑞恩·亚当斯在类似问题上也与贝里争论过，他表示：**"如果你在搜寻某个今后成为人们谈资的文化重点的话，这个重点会是以此行动为背景的征兆，而非创造者本身。**我们一直都在讨论推特，但是很少有人提到推特的设计者。"有趣的是（或者可能不可避免的是），勒瑟姆和亚当斯都认为鲍勃·迪伦是更好的例子。但是直觉告诉我，他们的双重结论过深地根植于我们仍旧栖息的世界。显而易见的唯一原因是人们觉得迪伦仍旧存在于当前文化之中。

　　我一直在想象500年以后的大学课堂，在课堂上，一位穿着时髦的教授正在给满屋子的学生授课。这些学生对摇滚乐的理解就像对美索不达米亚音乐的理解一样熟练流畅。虽然他们已经学习如何辨认这种音乐，但是仅仅勉强会识别而已（只是因为他们选修了这门特殊课程）。除了教授以外，房间里没有人能说出两首以上的摇滚歌曲。他向学生讲解摇滚的声音结构、起源、文化流行方式以及它如何对超级大国的三代人进行塑造和定义。他试图用某个摇滚艺人的一生来把摇滚乐概念人格化。他向全班同学展示了一张被选中个体的照片，或者也可能是该个体的全息图。就是这个家伙。这就是摇滚的形象，这就是摇滚。

所选个体会不会是一个从没有接触过摇滚的、来自明尼苏达州的犹太知识分子？

我不这么认为。如果是的话，我不知道这是否意味着事情是朝着正确的方向还是错误的方向发展。也许两者均有可能。

But
What If
We're Wrong

"价值"

假如我就在现在读这本书（而不是在写这本书），我很可能会问自己如下几个合乎情理的问题："这些事物有何价值？我们应不应该强调一下？价值是否是长久性的、最可靠的评判标准？"如果我是那种倾向于对自己所读到的一切内容持否定态度的人，那么当我读到作者认为各种艺术品的实际品质与其终极价值并不相关时，当我读到作者的所有推测无法避免地显示事物的真实面貌并没有偶然的社会条件和那些根本不知道自己在说些什么的人的善变评价重要的时候，我可能就产生了怀疑。

如果你是这样推断的，我的回答是：你的猜测是正确的。

虽然不完全这样，但也几乎如此。

这并不是人们愿意听到的。

我意识到没有把"价值"作为历史记录的重要元素纳入考虑范围是有问题的（甚至对我自己而言也是如此）。部分问题在于哲学方面——一想到品质并非绝对重要就令人沮丧。问题的另一部分与实用性相关——每当我们考虑任何特定案例，价值看起来很重要，已经根深蒂固，不容忽视。威廉·莎士比亚（William Shakespeare）是迄今为止最著名的剧作家，他的剧本（或者至少说这些剧本的主题和语言）比同时代人更胜一筹。长久以来，只要谈论哪部电影为最佳影片，人们就会想到《公民凯恩》（*Citizen Kane*），尽管老生常谈，但是这样的回答却合情合理——这是一部具有开创性的影片，可以被反复观看、评论，每一次都会有新视角。我们都知道文森特·威廉·凡·高（Vincent Willem van Gogh）、巴勃罗·毕加索（Pablo Picasso）、安迪·沃霍尔（Andy Warhol）是何许人也，这样说似乎并不武断。从最广意义的层面而言，价值确实起到了关键作用：无论进行何种批判性讨论，只有足够优秀的作品方能进入此范畴。然而，一旦某事被纳入讨论范围，其内容所蕴含的相对价值就变得不再重要。最终分析仅仅是一种倒序过程。

以建筑学为例：在这里会有一个创造性过程，在此过程中产生巨大的、极具功能性的结果。它支撑着我们所居住的城市，绝大多数人都理解它的艺术形式——建筑师是在图纸上设计构造的人，设计的作品一跃成为结构本身。建筑师把美学与物理学、社会学融为一体。在谁最擅长此项工作方面，人们已经达成深层次共识，至少在建筑师群体中确实如此：如果我们走在美国城市的任何一条大街上，向路人询问谁是20世纪最伟大的建筑师，绝大多数都会说出弗兰克·劳埃德·赖特（Frank Lloyd Wright）的名字。实际上，如果有人给出了另一个答案，我们就会推测自己碰巧遇到一位具有实操经验的建筑师、一位建筑史学家或者弗兰克·盖里（Frank Gehry）的好朋友。当然，在这些子集中有不少个体也会想到赖特。但是，为了让人们支持除赖特之外的其他建筑师（甚至为了可以说出另外三位候选人的名字），这个人几乎得成为建筑学方面的专家。正常人无法拥有足够信息提名其他候选人。在此种社会环境下，一种几近疯狂的逻辑浮出水面：弗兰克·劳埃德·赖特无可争辩地成为 20 世纪最杰出的建筑师，只有那些完全理解这个问题的人才可能不会苟同。

历史却由那些完全不懂自己在诠释什么的人定义着。

作为一位实实在在的理想主义者，赖特光彩夺目。他也是位高产的建筑师，这也很重要。他是"有机建筑"的拥护者，（对那些像我这样对建筑一无所知的人而言）这似乎是所有建筑渴求之处。但是，我深知自己脑海中并不清楚这些势在必行的观点源自何处。当我第一次听到弗兰克·劳埃德·赖特的名字时，就有人告诉我他才华横溢，这也意味着当我第一次看到他设计的作品时，我要么在想"这就是才华横溢的样子"，要么会想"这就是他人眼中的才华横溢"。我知道在我远远还未意识到一个建筑师需要设计多少栋建筑才算得上远不及高产的正常水准时，他就已经被誉为"高产"了。我相信一切建筑都追求与其周围环境和谐一致，一是因为这种推理听起来不错，二是因为这是赖特的推理方式。然而，确信无疑的是，如果我要是知道赖特在建筑应该是把人的理性世界与自然界未开化的讨厌鬼隔绝开的前提下开拓了"无机建筑"概念的话，我不仅会对这些观点深表赞同，而且会积极认为这种思想完全活跃于其作品之中（即使他曾设计的建筑和现在所呈现的状态别无二致）。

我并不认为一切艺术毫无差别。如果我真的这么认为，那我也不会是个评论家。主观差异是可以产生的，而且这些差异值得我们"吹毛求疵"。在这些论断中，生活的气息已被从中剥离，这似乎并非显而易见。但是我并不认为品质上的主观差异已经超越任何几近客观真实的内容——每当某人试图进行其他证明时，结果会无法避免地被披上一层是他们弄错了的外衣。[1]

1936 年，一家名为《珂珞封》（The Colophon）的季刊杂志针对其订阅者（大约有 2,000 人，尽管没人知道有几个人真正参与问卷调查）做了一份调查问卷，询问在他们看来哪位当代作家可以被称为 21 世纪之初的经典代表。辛克莱·刘易斯（Sinclair Lewis）从中胜出，他曾获 1930 年诺贝尔文学奖。榜单中还包括薇拉·凯瑟（Willa Cather）、尤金·奥尼尔（Eugene O'Neil）、乔治·桑塔亚那（George Santayana）和罗伯特·弗罗斯特（Robert Frost）等人，对该时期做了恰到好处的概括。当然，更吸引人的地方在于那些没有被列入其中的人：詹姆斯·乔伊斯（James Joyce）、F. 斯科特·菲茨杰拉德（F. Scott Fitzgerald）和欧内斯特·海明威（Ernest Hemingway）（尽管《珂珞封》的编辑确实把海明威列入其策划表中）。所预测的时间距离现在也就几十年，这不算很长。很可能，当年参与问卷调查的人在 21 世纪之初都还活着。我也在怀

[1] 我曾在一家名为 SPIN 的摇滚杂志工作过，该杂志已经出版了 27 年。和所有摇滚杂志一样，SPIN 每年都会公布一份年度最佳专辑榜单，这份榜单由其编委会精心筛选而出，目的在于举例说明 SPIN 如何定义艺术家所取得的成就，公布时间视其碰巧进行榜单编辑的那周而定。几乎所有排名都会被人完全抛在脑后。人们很难记住在某一年位居榜首的是哪张专辑，即使对那些参与此项提名工作的人而言也是如此……当然 1991 年是个例外。在这一年，SPIN 杂志把青春歌迷俱乐部（Teenage Fanclub）的《潮流式》（Bandwagonesque）的名次排在了涅槃乐队《没关系》（Nevermind）前面。人们提到这个错误的频繁度要远远高于提到该杂志在其他 26 年中所挑选出的榜单。雪上加霜的是，SPIN 杂志让科特·柯本（Kurt Cobain）上了 10 次封面，其中七次是在他逝世之后。因为，这种回顾过去的方式让人觉得太不对劲，只有 1991 年公布那份榜单才具有历史意义。

疑，1936 年所评选出的一些作家至今仍被认可，但是再过几十年可能就很少有人苟同了，而再过几百年则完全销声匿迹。历史就是这样运转的。然而，从这份榜单中可以推断出一些有意义的细节之处，那就是这些投票者的可能动机，因为这就是我们要剖析他们所犯下的合理错误。例如，埃德娜·圣文森特·米莱（Edna St. Vincent Millay）在《珂珞封》榜单中排名第四，斯蒂芬·文森特·贝尼特（Stephen Vincent Benét）位列第九。他们往往被称为诗人——米莱曾获 1923 年普利策奖，贝尼特则于 1929 年获得普利策奖。贝尼特有点像摇滚明星诗人（至少在问卷调查期间是如此），后来被诗歌基金会描述为"比罗伯特·弗罗斯特（Robert Frost）拥有更多读者的诗人"。然而，虽然这三位诗人都榜上有名，但如今只有弗罗斯特仍被人熟知。现在，实际情况是，《珂珞封》在预测诗人方面只命中了三分之一，这已经无足轻重。重要的是，他们对这三位诗人投了赞成票。如果在今天做这项问卷调查的话，很难想象人们在看问卷时会向下读多少行才会找到其中一个人的名字。现如今的《珂珞封》需要单独为诗歌分门别类，以免人们无法辨识。因此，我们从这份 1936 年的榜单中所看到的是，人们是建立在 1936 年是时间最终节点的假设上挑选艺术家的，1936 年的品位和迷恋都是暂时的，但在历史上极为常见。此次投票基于如下观点：诗歌只跟散文一般重要，这也是 1936 年文学界的观点。虽然投票者在测算不同文学作品的相对永恒性方面没什么问题，但是他们在推想 2000 年文学界呈现何种面貌方面非常糟糕。此时，阿拉斯加州流行歌手珠儿（Jewel）的《无武装之夜》（*A Night Without Armor*）成为最畅销最知名的诗集。这股力量把集体记忆塑造得如此复杂、如此无常，以至于任何被独断地绑架在"价值"概念之上的信念系统最终沦为一种完全不得要领的逻辑观点，这就像在争论连锁饭店长期成功的秘诀在于可以做出美味佳肴一样。

你是否会下意识地觉得从客观角度而言莎士比亚比其两大对手克里斯托弗·马洛（Christopher Marlowe）和本·琼森（Ben Jonson）在戏剧方面更胜一筹呢？如果是这样的话，那么别担心——全世界都这么认为。如果你想证明确实如此，那么你只需要阅读他们各自的剧本，找到世界上大多数人都接受和认可的段落。这并不是件难事，感觉有点像找出价值呈现的不同方式一样。然而，实际上你只是在进行同义反复：莎士比亚要比马洛和琼森更优秀是因为莎士比亚更像莎士比亚，这也是我们如何在剧本创作界描绘伟大。这三位人士均才华横溢。如果历史以另一种方式上演，那么他们的价值都足以使自己在历史上与莎士比亚并驾齐驱。但是，事实并非如此。历史以我们所理解的方式呈现，莎士比亚几乎与此毫不相关。他被世人铭记的方式与马洛和琼森截然不同，对那些从未真正思考过这三位剧作家的人而言尤为如此。

要想永远举足轻重，你需要对那些漠不关心的人而言变得重要。

如果这会让你伤心，那就伤心吧。

But
What If
We're Wrong

烧死女巫

我写关于流行音乐的内容已经有二十多年了，完全可以在一些我没有上过的大学发表音乐学讲座。在一些国家播放的摇滚乐纪录片中我被称为专家，而我连这些国家的语言都不会说。我在这个行业中挣了不少钱。在这里，许多才华杰出的同辈挣个养家糊口的钱还是没问题的。我针对大明星乐队（the Big Star）的《九月女孩》（September Gurls）的字面意义进行过各种各样的解读，主要关注九月女孩是谁、据说她们曾做过什么以及为什么"女孩（girls）"这个词会拼写错误。我有一张讲述悄声暴动合唱团（Quiet Riot）前世今生的光盘，而且我看了两遍。然而，每当我写一些关于流行音乐内容的时候——即使我所表述的情感和"海滩男孩都很棒"一样单调乏味、迂腐老套——很多人都会说我对音乐一窍不通，其中就包括我认为的一些朋友。即使每个具体的符号都会显示我对摇滚乐的理解坚定可靠、无懈可击，我的生活被无所不在的轻微焦虑感所包围，总是担心自己不懂音乐。这反映出世界如何运作、我的大脑如何运行。

　　因此，现在我打算写一点物理方面的内容。

　　我有资格这么做，因为我高中时是物理优等生，而且从没不及格。

　　就是它，仅此而已。我知道支点工作原理，明白在打台球时如何让主球向后滚动。我也清楚"量子力学"是"微观力学"。我懂得升力和阻力概念，每次飞机起飞时都会因此而惊奇不已。但是我的专长也仅限于此。我没有显微镜，也没有煤气喷灯。因此当我写一些科学方面的内容时，我并非真正在写"科学"。我并不是装作对我们所相信的自然界的一切进行反驳，尤其是因为我自发倾向于反射性地接受所有内容。但是，我想重新思考一下科学观点，重新考虑一下这些观点的演变方式。这在许多方面都是自相矛盾的，**却是这本书所有问题的核心所在**。

当然，主客观世界之间存在无法逾越的鸿沟。一个理智的人往往会希望主观事实可以被推翻，因为这些事实并非事实，它们只是经过了深思熟虑且同一时期被很多人所拥护的观点而已。每当他们所相信的内容被应用到一个特定案例中时，都会激起众怒——如果有人说"很可能，在将来没有人会认为亚伯拉罕·林肯（Abraham Lincoln）是位伟大的总统"，那么，所有总统学者都会嗤之以鼻。但是，如果你并没有指名道姓而只是问道："某个当前被认为具有历史意义的总统可不可能在子孙后代眼中沦为无名小卒？"只要是个聪明人都会深表赞同，认为这种情况不但有道理而且无法避免。换而言之，每个人都承认，**只要我们无法确切为某事盖棺论定，我们都有可能犯主观错误**。同时，我们对主观现实的感觉取决于对抽象错误的接受程度（"谁会说好艺术由何构成？"），存在某种随意确定性，即在看起来像事实的独有论断方面，我们往往都是正确的［《火线重案组》（*The Wire*）是电视剧发展到顶峰的作品"］。

然而，客观世界却截然不同。在此，我们就事论事——但是这些事实的永久性并没有其所产生的意义重要。虽然接下来所举的例子并不是很完美，但是它确实是科学领域为数不多的一个，即我（和许多与我相似的人）恰巧知道大量与恐龙时代相关的事情。

1981 年，我把所能搜集到的每一本写恐龙的书都读了个遍，那时人们普遍认为恐龙就是冷血蜥蜴，还有一些边缘化的观点告诫人们，"某些科学家"开始认为恐龙更可能是恒温鸟类。第二种理论有很多原因支持，最显著的是，一个 60 吨重的蜥脚类动物要在阳光下花时间取暖，而且两栖爬行动物会有诸多限制。但是，上述两种观点都被我否定了。在我 9 岁的时候，每当有人认为恐龙是恒温动物时，我都会气愤不已。但是，当我 19 岁时，这种想法已经被所有人接受，其中就包括我在内。恐龙是恒温动物，对曾经持另一种态度的我而言，我却不以为然。这种知识的重塑仅仅是对动物感兴趣的部分内容，这些动物在喜马拉雅山尚未形成之前就已经消失了 1,000 万年。你会自然而然地接受一些你无从知晓但其他所有人都信以为真的事情，因为这些事情很难弄清楚。百年以来，对恐龙痴迷的小孩的一大特征便是他或她意识到雷龙这样的动物并不存在——它竟然是虚构的，这还要归因于 19 世纪一家博物馆所犯的错误。无知的业余爱好者将此动物称为"雷龙"，但确切而言在 2015 年之前它只是一头"虚幻龙"。2015 年，科罗拉多州的一位古生物学者声称，按理论来讲，确实有一种恐龙应该被归为雷龙这一类，这个名字被用在了我们可以想象到的长颈动物上，这是可以接受的。多年来，那些出于无知而用错词的傻瓜原来一直都没有错。（曾经）被认为一直是正确无疑的内容（忽然间）错误百出，随后（忽然）又意外变成对的。

　　然而，这种持续的反转并未影响我们思考古生物学的方式，这种反转并没有影响我们思考一切事物的方式，已经完全超出了那些取代旧数据的新专业数据的范围。如果某个科学概念在50年内改变了五次，那么人们会感到，自己只是在改进之前我们的已知观点，每次更迭只是对之前所认为"确切无疑"的内容进行进一步的纠正。实际上，我们把自己客观真实感固定在科学本身之上——科学的规律、原理和睿智。**如果某些辅助细节最终被证实是错的，那么这就意味着科学向前迈进。**

　　但是，如果我们对一些重要事件的看法的确是错的，那会怎样呢？

　　我并非在谈论类似于剑龙血液的相对温度这样的事情，也不是在讨论冥王星是否应该被精确地归到行星一类，甚至不是在讨论运动和惯性的性质。我在谈论的是一种可能性，即明明在下国际象棋却认为自己在下国际跳棋的可能性。或者，这样的比喻过于保守，限制了我所想象的内容——可能我们认为自己在下国际象棋，实际上我们却在玩拼字游戏。每天，我们对宇宙的理解都在逐步增多。人们正在回答新问题。但是，这些是正确的问题吗？有没有可能我们机械地提升自己对原理的理解力，而这些原理却构成了更大的错觉？这正如18世纪某些瑞典人认为自己最终弄清楚精灵和巨怪是如何使人致病的一样。会不会我们当前对时空如何运转的理解最终像亚里士多德认为砖块因为大地是其"自然"位置而不会浮动的论断一样荒谬至极？

　　不是。（或者，别人就是和我这么说的）

　　"要想举一个人们颠覆原本完全所接受信仰（把这种信仰全盘否定掉）的例子需要追溯至1600年前。"天体物理学界的佼佼者奈尔·德葛拉司·泰森（Neil de Grasse Tyson）说道。当时，我们正坐在他位于美国自然历史博物馆上层的办公室里。我的提问似乎令他有点厌烦。"例如，你提到亚里士多德。你也会提到哥白尼和哥白尼式的革命。这些都发生在 1600 年以前。1600 年前后不同之处在于科学的管理方式。1600 年以后，科学以实验为导向。没有实验证明的真理是不存在的。真理不再单凭某个人的实验结果而定，而是要经过一连串实验的考证。只有经过一连串实验数据证实后，我们才会在科学范围内讨论一个正在形成的真理。而且，该真理不会发生改变，因为已经被证实。1600 年以前——在伽利略还没有认识到实验重要性之前——亚里士多德对实验一头雾水，我想我们不能因此而责怪他。虽然亚里士多德的影响深远，具有权威性，但是有人可能会表示已经造成了一些伤害，因为人们对他所写的内容确信无疑，认为他学富五车，洞悉世界……我要补充的是，1603 年发明了显微镜，1609 年发明了望远镜。这些工具取代了我们的直观感觉，因为后者在涉及记录主观现实时显得苍白无力。因此，这并非是一种政策。这是'我的天，这样做竟然有效。我可以不用单凭自己主观想法而构建客观真理，你可以通过做各种实验得出统一结果'。就这样开启了现代科学纪元。"

这都是千真万确的，对于奈尔·德葛拉司·泰森所说的观点，我从未直接进行反驳。因为——和奈尔·德葛拉司·泰森相比——我就是草包一个，与傻瓜无异。但是，可能只有傻瓜才会提出这样不傻的问题：我们怎么知道我们现在的生活不会是 1599 年的翻版？

在泰森看来，自 17 世纪以来，我们尚未彻底改变自己理解科学现实的方式。我们的信仰屹立不倒长达 400 年之久。这样的时间太过漫长——科学背景除外。在科学界，400 年只不过是弹指之间。人们对亚里士多德重力观点的接受时长是它的两倍多。的确，我们现在生活在这样一个时代：重复数字可以证实理论观点，数字确认后的结果让我们感到（这一次）我们所相信的真实内容不会再发生变化。尽管今后我们将学到更多，但是绝大多数内容只不过是我们现在已知的扩展。因为——这次——我们知道的实际上是对的。

当然，我们的社会并非是第一个得出这样结论的社会。

2.

假如我和 100 位科学家讨论科学的谬误，我怀疑自己会得到 100 种略有差异的答案，所有答案都代表不同等级的自信。如果这是一本与科学有关的书，那么这正是我需要做的事情。但是这并不是写科学的书，这是关于连续体的书。恰恰相反的是，我采访了两位格外著名的科学家，从心理范畴而言，他们各执一端。一位是当今传统意义上最著名的天体物理学家泰森。[1] 他主持过福克斯的《宇宙》(Cosmos)科学系列节目，在美国国家地理频道主持过自己的脱口秀。另一位则是哥伦比亚大学理论物理学家布赖恩·格林（在本书的序言部分提到过此人，他做出如下推测："极其可能，我们对重力的理解与 500 年

---

[1] 除非你把史蒂芬·霍金（Stephen Haw King）这位严格意义上的宇宙论者也算在内。

后人们对重力的理解会截然不同")。

　　我不得不承认，和这两位人士进行的对话有点像在写流行音乐中的争议观点，类似于采访泰勒·斯威夫特（Taylor Swift）和碧昂丝·诺利斯（Beyoncé Knowles）。泰森和格林跟绝大多数科学工作者截然不同。他们擅长把超级复杂的概念转换成主流消费者可以理解的语言；两人都针对广大观众写了畅销书。我猜想，他们两人备受同行的嫉妒和质疑。这是任何一位出现在电视上的专家都会遇到的境况。但是，他们的学术文凭毋庸置疑。此外，他们可以完美呈现此论断中相抵触的两个极点。这可能是他们选择如何听取问题的结果。

　　当我坐在格林办公室向他解释这本书的写作前提时——实际上，我是在解释自己喜欢思考人们对宇宙的最根深蒂固的推断沦为谬误的可能性——他认为这样的前提很有趣。他不言而喻的反应可以被解读为"这种假设有意思但并不疯狂"。泰森的态度则完全不同。虽然他没有表明态度，但无异于"这种推测有问题而且愚蠢至极"。但是，其他因素也可能起到一定作用：作为一名公众知识分子，泰森花费大量时间在关于气候变化辩论上，并且为科学界做代表。在某些特定圈子里，他已经成为科学的权威。很可能，泰森觉得我所提出的问题只是为揭开科学思考真相找借口而已，迫使他坚持立场。（也可能，他一直都是这样泾渭分明）反而，格林的开放可能与他自己的学术经历相关：他的研究游走于人类知识的边缘，时常介入其职业生涯。这意味着他对那些质疑正确思想、极端审视已知事物的人已经习以为常。

　　对"多重宇宙"观念的支持则是格林的鲜明特征之一。现在，接下来的内容将会过于简单化——但是，其言外之意为：一般而言，我们假设只有一个宇宙，我们的银河系是由大爆炸产生的唯一宇宙的其中一部分。但是，多重宇宙观点认为，除了我们所处的宇宙之外，还有无数个（或者至少许多个）宇宙，以交替现实的形式存在。试想一下，有一卷无穷无尽的气泡膜，我们的宇宙（和其中的所有东西）只不过是一个气泡膜，其他气泡膜则是和我们所在的宇宙一样广袤的宇宙。在《隐藏的现实》（*The Hidden Reality*）一书中，格林在这份假想方案中勾勒出九种平行宇宙。这是一种极其复杂的空间思考方式，更别提证实这种内在不可能的事物了。我们无法置身于（或者看见）自己宇宙之外的宇宙，正如一个人无法脱离（或者看到）自己的身体一样。尽管有限的多重宇宙观点言之有理，但是无限多重宇宙所产生的逻辑延伸问题却令人琢磨不透。

在此，我的意思是：在无限的时间内，宇宙是无限的（这里的关键词是"无限"）。在无限范围内，一切皆有可能。[1]这意味着——在平行宇宙的某个地方——有一个和地球一样的星球，存在的时间和地球一样久远，那里发生的每件事都和地球上我们所知道的一模一样，除了 1962 年平安夜约翰·F. 肯尼迪的钢笔掉了。还有另外一个平行宇宙，那里的地球也被和月亮一样的复制品所包围，那个地球上所有城市和所有人都和我们所处的地球相同，除了——在这个现实中——你是在昨天而不是今天读到了这句话。此外，还有一个平行宇宙，那

---

[1] 作为一种类别，无限的概念可能令我们难以接受。我们定义它、接受它——但我不清楚人类可否真正了解一切皆有可能的宇宙（或者一系列宇宙）。我怀疑，人类对于无限的概念类似于狗对于时钟的概念。

里一切与我们的宇宙完全一致，除了那里的你可能要高一点。除了上述提到的那个宇宙之外，仍然还有另一个平行宇宙，在那里除了你不存在之外其他都没什么两样。还有一个平行现实，但在那里，虽然地球的变体存在于此，但是那个地球却被渴望液态钴的机器狼所控制……在无限平行宇宙中，我们能够想到的一切——和我们无法想象的一切——都会独立存在。需要对曾经存在的精神信仰和世俗信仰全部再次进行纠正。即便是这项变革性假说的支持者也认为其无从查证，因而不再进行深入研究，这也就是人们对此并不感到诧异的原因所在。

"确实有一些获得很高荣誉的物理学家[1]对我和像我这样的人感到愤愤不已。他们也提到了多重宇宙论，"格林说道，"他们告诉我，'你已经造成了危害。愚蠢至极，快点收手。'而我完全是个理性的人。我不会为了博得关注而夸大其词。我确实感觉这些多重宇宙的观点应该是对的。我为什么会有这种感觉呢？我从数学着手，是数学把我指引到了这个方向。我也思考过这些观点的由来。如果你向牛顿讲述量子力学的话，他会认为你疯了。可能，如果你给牛顿一本量子力学教科书，再给他五分钟的时间，他会完全理解。但是，作为观点而言，它确实不切实际。因此，我猜自己是这样思考的：我认为，多重宇宙论不太可能是真的。很可能我的那些认为多重宇宙论无异于痴人说梦的想法是对的。但是我不愿意承认多重宇宙观点错误，因为这样

---

[1] 格林并没有言过其实：他表示，他至少有 10 次和 2004 年诺贝尔物理学奖获得者大卫·格罗斯（David Gross）的论证相同。"因为我们无法伪造想法。"格罗斯在涉及多重宇宙时写道，"这并不是科学。"换句话说，没有方法证明多重宇宙论是错误的，无法通过科学手段证明。

说没有任何依据。这个想法让人很不自在，这点我可以理解，然而我却将其视为一种真实的可能。因为它确实有可能是真的。"

2012 年，格林在 TED 发表过演讲，这段 22 分钟的演说被翻译成 30 多种语言，有 2,500 万人观看。实际上，如果你想知道多重宇宙究竟为何物，最好还是从观看这次演讲开始学起。虽然有人会批判格林，但是可以理解该概念的绝大多数人都会认真对待它（其中就包括泰森，他曾表示，"无论在理论上还是在哲学上，我们都有很好的理由认为我们置身于多重宇宙"）。人们公认他是这方面的专家。但是，他仍旧对自己的观点持怀疑态度，接下来的对话就能说明这一点：

问：假设 300 年以后的人重新审视你发表的 TED 演讲，仔细阅读其中信息，得出结论认为你说得没错。对此，你有多少信心？

答：很少。几乎不到 1%。你知道，如果我非常仔细的话，我也不会给出确切数字，因为这个数字需要数据支撑。但是，不要认为我的回答精确无疑。我不做精准回答的原因在于，只要回顾思想史便会知晓每个时代都会认为自己向终极答案更进一步，但是当下一代人出现时都会说，"虽然曾经你的见解是多么深刻独到，但是现在我们知道了所以然，而这也正是我们所想的"。这就是为什么我会说 1%。因此，谦逊的态度让我想到，未来，人们看现在的我们就像我们看亚里士多德所处年代一样，后者认为石头落下是因为它想归至大地。

但是，当格林继续解释他怀疑论的本质之时，一种乐观的态度悄然渗透其中。

在我的内心深处（我不想将其公之于众）——即使我知道你正在

录音，而且这是一次公开交流——我确实希望，100年或500年后，人们再次回顾我们今天的工作时会说"哇塞"。但是在预估方面，我还是想保守些。然而，有时候我认为自己过于保守，这让我感到兴奋。因为，想想量子力学便知。在量子力学中，你可以通过计算解密电子的深奥属性。你可以计算——过去几十年来，百折不挠的人们已经做过这样的计算——把这些计算结果与实际实验进行对比，两者结果一致，精确到了小数点之后第十位数字。这完全超乎想象——我们的理论与观测结果完全一致，程度达到小数点后十位。这会让你感觉到，"这次截然不同"。你感觉自己好像更接近真理。

因此，这里存在一个关键点，从此，怀疑论开始颠覆自身观点。我们终于正确揭开了宇宙如何运转的面纱，我们是第一个得出这样结论的社会吗？当然不是——在此之前每一个社会都曾认为自己正确无疑，但最终绝望地以谬误收场。但是，这并不意味着我们的目标天生无望。是的，**对于自己对现实的看法客观真实，我们并不是第一个得出此种结论的社会**。但是，我们是第一个表述这种信仰并且还不存在自相矛盾的社会，因为——现在——我们正完全把一切内容转化成数学运算，而数学是个冷酷无情、铁面无私的家伙。

3.

"思想史"，正如格林所言，是一种错误模式，每一代人都会纠正、重塑上一代所犯的错误。但是"并不是以物理形式呈现，也不是始于 1600 年"，泰森强调。在古代，科学基本上与哲学密切相关。从牛顿时代开始，从根本上而言，科学与数学紧密联系。在任何情况下，只要数学归零，扭转某种观点的可能性微乎其微。我们不知道——我们也无法知道——物理法则是否同样适用于宇宙的各个角落，因为宇宙绝大部分地方我们仍无法企及。但是让人认为情况确实如此的理由令人信服，而且这些原因无法像自我主义建构那样被边缘化，后者往往随着人们的态度而潮起潮落。泰森举了 1846 年的一个例子，那时牛顿定律似乎到了瓶颈期。由于一些不清楚的原因，牛顿定律无法解释天王星的运行轨道。人们自然而然得出的结论认为，物理定律只有在太阳系内部才发挥作用（而天王星则是位于该系统的已知边缘，它想必是按照另一组截然不同的规律运行的）。

"但是那时，"泰森解释道，"有人说：'可能牛顿定律仍然起作用。可能有一种看不见的引力牵制着这颗行星，而我们并没有把它纳入方程中计算。'因此，让我们假设牛顿定律是对的，并且提问：'如果暗藏一种潜在引力的话，那么这股力量来自何处？可能来自一个我们尚未发现的星球。'这是个数学难题，因为'这是行星质量''这里是引力值'是一回事。现在，我们在讨论引力值，因此让我们推测一下存在重量。在数学中，这被称为反演问题，这种方法比从客观物体开始计算其引力值更为艰难。但是，杰出的数学家正在这样做，他们表示，'基于适用于内太阳系的牛顿定律，我们做出如下推测，如果牛顿定律可以像适用于其他天体一样准确地应用于天王星的话，那么那里必然存在一颗行星——大家可以去寻找。'就在那个晚上，他们把望远镜对准了天空，发现了海王星。"

这桩逸事意义重大的原因在于其前后所发生的一系列事件。发现一颗新行星，然后用数学方法去证明它的存在并不是件难事。从数学角度强调一颗尚未发现的巨型行星的存在，并指明其确切位置则是另一码事。这就是更正的不同层次。这并非解释说明那么简单，因为数字不存在进度，没有时间感，也没有幽默感。毕达哥拉斯定理并不需要毕达哥拉斯先生的存在才能发挥作用。

我有个朋友是位数据科学家，最近他在研究手机游戏环境，他非常了解概率论。[1] 因此我问他，300 年前人们对概率的理解是否和从现在算起的 300 年后我们对概率的测算有关联。他回答说："2016 年我们对概率的看法和 1716 年……当然也可能和 1616 年，甚至和绝大多数时候人们的想法都一样……这很可能也是 1564 年卡尔达诺（Cardano）（他是文艺复兴时期的数学家和堕落的赌徒）所思所想。我知道这听起来有些自负，但是自 1785 年以来我们对概率的看法和 2516 年我们对概率的看法没什么区别。"

如果我们以恒定数值为基线的话，那么就不会犯错，除非我们（不知何故）把数字本身的含义弄错了。这种可能性则是一种非数学

---

[1] 我第一次见到这个人 [他的名字叫迈克·马索格（Mike Mathog）] 的时候，我只知道他特别不喜欢我曾在我早期写的一本书中所讲的一个荒诞至极的笑话。那时我宣称任何事情的可能性都是一半一半（即"要么会发生，要么不会发生"）。从那时起，迈克在很多次与我的对话中都试图证明我的"一半一半"观点是种经验性错误，这意味着他花了大量精力证明我一开始就没有信以为真的内容是错误的。实际上，我感觉自从我们见面的第一个晚上之后，他就开始在我们每次交谈到一半的时候插入这个话题。因此，每当我看着他的时候，这种特殊的相互作用发生的概率再次变为 50%。

对话。我的意思是，字面意义上的 6 会变成 9 吗？吉米·亨德里克斯（Jimi Hendrix）曾经想象过这种情况，但是仅仅因为他是一名电声哲学家（便携式计算器）。"在物理学中，当我们表示我们知道一些事情的时候，这再简单不过了。"泰森多次重申，"我们可以预测结果吗？如果我们能够这样做，我们就可以继续下去，而且可以向下一个问题迈进。也有一些哲学家关心如何对结果产生的原因加以理解。艾萨克·牛顿（大概）曾说过，'有个方程式可以解释为什么月亮沿轨道转动。我并不知道地球如何与月亮发生互相作用。它是真空的——没办法到那里。'他对这种超距作用观点感到不自在。他因为产生这种观点而受到批判，因为人们认为一个物体与另一个物体发生相互作用是荒诞至极的。现在，你却可以进行这样的对话（讨论一下其发生原理）。但是，一个方程式却预言了它的存在。因此，继续进行这样的探讨吧。'月亮和地球之间交互作用的本质是什么？'当然，我的方程式每次都不会算错。因此，你可以说，这是小精灵干的——它和我的方程式无关……哲学家喜欢争论语义学方面的问题。在物理学界，我们则比哲学家要实际很多。如果某物发挥作用，那么我们就会转移到下一个问题上去。这并不意味着我们比较喜欢辩论。我们仅仅是不会被'为什么'带跑题，只要方程式可以精确叙述现实便可。"

在推测集体错误可能性方面，泰森有很强的识别力。如果你把最深层次问题剔除掉——为什么问题——犯主要错误的风险便会瞬间消失。这主要是因为这个为什么问题是一个无法从人性的癖好中分离出来的问题。例如，孩童时期都会问为什么天空是蓝色的问题。这是亚里士多德曾经解答的另一个问题。他曾经写过一篇关于"色彩论"的系统性文章，在那里他是这样解释天空是蓝色的原因：虽然所有空气都是淡蓝色的，但是只有很多很多层空气叠加在一起的时候人们肉眼才可以看到这种颜色（按照他的逻辑来看，这种解释与一勺水看起来清澈但静水看起来呈黑色的道理类似）。上述解释以他个人推断力为基础，虽然这是一个天才式的归纳，它解释了天空是蓝色的原因，但是这种假设完全错误。天空因为太阳光的折射而呈蓝色。与亚里士多德不同，那些知道真相的人并不关心为什么它是真的，这也就使得他的观点永远正确。那么将来也就不会有人重新解释天空是蓝色的原因。

当然，除非我最终对万事万物重新进行解释。

4.

前几页，我在脑海中为持续信心构建了两个对立面，并把两位科学家（泰森和格林）分别置于两端。但是，即使在这个虚构的二重对立中，这两位科学家的一致之处远远多于他们之间的分歧。自文明诞生之日起，人们就开始讨论（这种讨论热度日益高涨）宇宙已知年龄。当我问这两位科学家我们宇宙现在的年龄会不会有可能被重新计算时，他们都给出了同样的答案。"这是不会发生的。"泰森回答。"这个数字（137.9亿年，上下浮动2亿年）非常稳定。"格林反复强调。即使观点冲突，他俩也总会迫使自己达成联盟：当我告诉泰森说，格林承认我们将来对引力的理解可能发生很大变化的时候，泰森暗示说，我可能把问题表述错了。

"他期待有这样的一刻，那就是，我们对引力的理解包括我们对黑暗的理解发挥重要作用。"泰森说道，"那时，人们对引力还有其他理解方式，但这种理解方式仍旧围绕着牛顿的万有引力定律和爱因斯坦的广义相对论展开。因此，他可能把你的问题理解为：'关于引力还有什么尚未发现的内容吗？'你所提出的那个问题对研究引力的专家来说太模棱两可了。"

这种率性的单边协定并非著名科学家的特有——绝大多数普通科学家也很赞同。如果你不这样做，证明你算不上一位真正的科学家。科学的核心要素——可以说是 DNA 结构、光速或者碳质量——必须是统一的。就像只有用纸牌才能玩的纸牌游戏一样，这使我们更加相信那些我们原本认为是正确的事物。如果所有人都用同样的信息去做不同的事情并且仍旧得出同样可靠的结论的话，那么深层次的谬误就很难有容身之地。

但是，这种一致性的深处藏着某种令我们略感自卑的成分。

可不可以举个具体例子？我没法举出这样的例子。如果某人要求我清楚明白地概述一个似乎被误导的科学真理，我无法这样做（如果其他人这样做的话，那么我很容易会立刻提出异议）。但是，问题就在此。如果我们打牌时只可以用一副牌的话，我们只能质问这副牌本身。如果我们声称"方块皇后其实是王"，其他副牌便会证明该论断错误。我们无法做到的是宣称所有人都把牌打错了，因为这是所有人都玩的唯一游戏。我们不能认定这副扑克牌是棋盘游戏，因为没有人知道这意味着我们是否可以想象出棋盘的模样。这就是朴素实在论的终极模式：**在被少数几个理性人士视为完整的研究领域，质问具体细节问题是不理智的行为。**

"我们中多数人开始预想到的一些观点将会被抛弃，即便我们现在没法将其抛之脑后。"格林表示，"最基本的存在是由时间和空间两要素构成，某种层面而言，它们是基石。时间和空间是理解一切物理知识的出发点。即使回到亚里士多德时代，也存在这种基本论断，即物理现象需要场地方可发生——总而言之，需要在一个容器内。这个容器则含有我们称为空间的宽阔度，涉及事件在空间发生所需的持久性，我们称为时间。现在，因为爱因斯坦，我们对时空的观念发生了转变。如今，我们认为时空更具有可塑性。但是，我们仍将其视为'存在'，因为还没有更好的词取代。时空始于某种更牢固的基础。这种根基为何物，我们尚不可知。有时，我们将其称为'时空原子'或者'时空构成'。我们还没有真正给这种尚不知何物的物质命名，因为就本质而言它并非某种粒子，它是一种更为基本的实体。当以某种特殊方式排列时，它就构成了时空。但是，如果这些要素以另一种方式排列，时空的概念甚至都不会出现。"

无论你是否认为格林的立场激进，这都是有待进一步解释的（有人可能将其视为极度安全）。如果物理不再以时空为基础，将意味着什么，或者我们日常生活会发生何种变化，对此我没有资格过多考虑。但是，他的核心观点令我痴迷：有可能，我们无法隔绝或者想象出构建现实的基本原理；有可能，最终意识到基础构成为何物的时候，其他一切事物都要改写。再次，我并非第一个幻想过这

种可能性的人。1962 年，托马斯·库恩（Thomas Kuhn）的杰作
《科学革命的结构》（*The Structure of Scientific Revolutions*）是
这种争议的鼻祖。库恩认为，科学并非通过小进步发展起来，而是
大踏步前进——总的来说，长期以来，所有人都相信同样的事情，
只有某种范式转移[1]使得集体世界观发生扭转时，整个体系才会发
生转变。在这些巨变发生之前，研究者会进行库恩所谓的"正常科
学"。科学家试图解决现存范式中的所有难题，在不经意间，支持了
其主导地位。其实，在库恩看来，科学并没有科学家所相信的那样
冷静客观。

许多把弄清世界如何、为何运转作为谋生手段的人都不喜欢《科
学革命的结构》这本书，其中缘由不难理解。"常态科学"一词略带
侮辱色彩，正如把女士全套服装描述为"普通"是一个道理。有一种
强烈的知识绝望根植于这种哲学之中——让人感到任何时段发生的科
学都只不过是一个占位符号而已；科学每次向前迈进一小步时，其主
要目标只是为等待其无可规避的退化。泰森强烈谴责过这本书，他强
调，书中主要论点（再次）未摆脱 17 世纪的桎梏。

"《科学革命的结构》影响深远，"泰森告诉我，"尤其对人文科学
影响巨大，成为他们攻击的有力武器，让他们在探寻真理方面握有把
柄。科学并没有比其他调查方式好到哪里去。它让许多科学家向某个
真理靠拢，随即产生临界点，没人愿意关注这个真理并奔向另一个真

---

[1] 如果你每次看到文化分析中"范式转移"这类流行语就产生厌恶之情的话，那
　　就要怪库恩了。他虽然没有发明这个词，但他把它推广给众人。有人会认为，
　　《科学革命的结构》一直都是非科学人士阅读最多的一本科学书。

理。这也是书名的由来。这使得人们感到科学只不过是某种时尚。对此，库恩曾举了哥白尼这个最佳案例。这本书大多内容都在描述哥白尼式的革命，用其来解释科学规律。但是这并非科学规律。完全不是。它只是在 1600 年前事情的发展方式。"

1996 年，库恩逝世，因此他无法回应上述问题。但是，我猜测他可能会做如下回应，"当然，你会这样想。而且你不得不这么想。你是位科学家"。在同一句话中，哲学家可以让论点在逻辑上无懈可击的同时包含潜在的否定，而科学家则无法做到。替代性物理并无实际目的可言。如果泰森想验证其日常工作仅仅作为"常态科学"（它终将会被新范式所替代）可能性的话，那么有理由想象任何人都会对那些被当事人极其重要而无法被忽视的工作不理不睬。在很多方面，这是完全不对等的争议。泰森（或者格林，或者任何一位值得信赖的科学家）可提供数万条小论据，用于证明为何当今科学探索的结构独一无二、坚不可摧。库恩的门徒只需要一个宏观论据便可反驳：当然，它一直都会这样，直到它不能这样为止。

我思维局限的大脑告诉我，上万个小论据比一个宏观抽象概念要强。我对现实局限的感官告诉我，库恩的抽象概念有理有据、无法避免，对它的攻击诠释了朴素实在论。正是这种感觉使我提出以下问题：如果（正如库恩所言）我们注定会遇到无法避免的范式转移，那么这种转移会像什么样呢？

5.

关于范式转移问题内容如下：它们往往不像文化记忆所显示的那样具有戏剧性。人们容易想象到，那些颠覆存在本质的人正是被当成异教徒而被边缘化，受到暴徒的疯狂迫害，故事发展最终确立了这些人想法的重要地位。然而，这却很少发生。科学上最后一次重大变革——哥白尼式的革命——成了教科书式的范本。大约在 1514 年，尼古拉·哥白尼（Nicolaus Copernicus）推测地球绕着太阳转，人们并没有因为他有这种想法而杀了他。他又活了 29 年，70 岁时寿终。在他生命最后的 29 年里，他对外太空革命式的描述看似更像一种无法证实的思维实验，带来的额外好处则是使得日历的制定更加精确，更容易确定复活节的时间。随后，伽利略宣称哥白尼的推测是正确的（这意味着《圣经》内容错误）。此时宗教法庭逮捕了伽利略，强迫他公开承认错误——但是，逮捕前天主教并没告诉他（在此，我进行了一番释义）："喂，兄台，我们知道在这方面你很可能是对的。我们承认，你是位术士，你说得有道理。但是你需要让我们慢慢向公众解释这件事情。我们无法忽然告诉意大利乡间每个吃五谷杂粮的平民百姓'我们生活在以太阳为中心的宇宙中'。这会使他们思想混乱，搞坏我们的游戏规则。你只要冷静一段时间即可。"众所周知，伽利略拒绝妥协，反而尽快出版了《关于托勒密和哥白尼两大世界体系的对话》（*Dialogue Concerning the Two Chief World Systems*），讥讽了所有相信（或宣称相信）地心说的人。可想而知，教皇听到这些内容时并不感到诧异。但是梵蒂冈并没有因此而处死伽利略；后者只不过在余生一直被软禁起来（在此期间，仍旧允许他写物理学方面的书），他活到了 77 岁。

我提及此事并不是为了否定大家所学内容，也不是为了否认他们所处逆境或者他们所获成就。但是，它确实向大家描绘了意识形态的转变节奏：这场革命费时百余年，却不为地球上绝大多数人所见。诚然，如果有一场革命发生在我们这个文化加速的时代，那么它会迅速爆发。人类信息交互则完全是另一回事，整体读写水平也是如此。但是，这并不意味着改革时期的人们对所历经的改革了然于心。这也就是为什么我要问现代范式转移是何种感觉的原因所在，这与其看上去如何以及以何种方式运转完全相反。正如一位 15 世纪的修道士一样，我的视角受固定边界所局限，我无法描述出超出自己想象之外的转型。然而，我却可以想象一下类似此种经历给人何种本质感受。我可以想象到我对当代世界的认知能力正逐渐消散，如同因为自己忽然醒来意识到这不是所体验的真实生活而烟消云散一样的梦境。

小的新闻事件往往会浮出水面，告诉人们科学界的一些重大事情正在发生转变。"一台无燃料、违背物理定律的发动机已经成功通过美国国家航空航天局的测试"，2014 年 8 月 1 日一本由公民记者经营的《主考者》（Examiner）杂志这样报道。9 个月后，坐落在硅谷的《科技时报》（Tech Times）宣称，"美国国家航空航天局意外发现超光速旅行"。这两篇文章均与电磁驱动引擎（EmDrive）相关，这是一种处于试验状态的火箭推进器，它可能会违背牛顿第三定律（动量守恒定律）。任何读者看到相关文章结论时，都会明显感到这些所谓的突破比其实用性更有意思。但是，如果一系列类似故事不断更深入地呈现于众，如果这些故事出现在《卫报》（The Guardian）、《科学美国人》（Scientific American）和《连线》（Wired）这类杂志中，人们便会普遍感到有必要重新审视 [1] 自己的时空观。然而，这并非我脑海中范式转移的类型。对我而言，这更类似于某种典型的技术对话（这显然就是种进步）。相反，我更愿意思考这两种不同种类的潜在转变：世界遥不可及，世界触手可及。

我把上文提到的多重宇宙这类观念（某种宇宙的可能性要比我们所构想的复杂很多）都归为"世界遥不可及"这类。这种宇宙是否合理？当然合理。这似乎很有可能。我慎重地怀疑，在我们宇宙之外还有宇宙，而其中的定律可能与我们所相信的最基本定律相违背。但是，倘若这种假设一经证实，那么人们会做何感受呢？

没有任何感觉。

人们根本不会有什么感觉。人们只是知道了一件趣事。我的意思是，即便美国国家航空航天局的确"意外"发明了超光速旅行，它甚至都不会在探索这些特定可能性中发挥作用。这要取决于你进行何种估算，地球距离银河系的两端 [2] 距离分别为 2.4 万光年、9.4 万光年。即使电磁驱动引擎让我们可以以《星际迷航：下一代》（Star Trek: The Next Generation）中企业号星舰的速度（每小时 1.04 光年）行

---

[1] 或者，这可能仅仅是"定律"一词的不同语境。人们提到牛顿定律时，会使用"定律"一词，因为这是一种坚不可摧的规则。但是，可能它只是在自然界牢不可破。可能它所代表的边界的确存在，但是仍旧可以被我们打破，正如技术的进步超越自然界的参数一样。

[2] 据我所知，官方尚无法界定银河系的边界。

进，即使我们使用推测的最低数据，仍旧需要 2.6 年方可到达银河系的一端。这距离另一个星系还有 250 万光年，因此又要花上 26 年。关键在于，宇宙已知直径超过 900 亿光年（这仅仅是可观测的部分，即便根据非多重宇宙理论，可观测部分也仅仅是宇宙实际范围的千分之一而已）。即使我们确实知道 [1] 我们宇宙之外还有宇宙，也只有虫洞才能到达那里，这种类似情况仅仅出现在小说中。我们无法观测、无法描述多重宇宙，当然也无法到达那里。这意味着，寻找无限多重宇宙存在的证据如同寻找炼狱存在的证据一样无可置疑——我们只可以武断地承认，没有办法适用于日常生活中。对非科学家而言，上述言论同样可以用于量子力学中的类似超级探索之中：如果我们意识到原子结构中存在某种深奥而荒谬的内容，它出现在极其微小的层面以至于人们无法触及、观测、操控，那么唯一真正发生改变的只有教科书编写的内容了。在此，人们并不会对（真正）范式转移没有任何感觉。它会折射出 17 世纪那些被告知自己生活在日心宇宙中的放羊人的真实反映："哦。"

但是，如果我们告诉这些放羊人一些更疯狂的事情，那又会如何呢？

如果我们告诉他，说他自己并不存在，那会怎样呢？如果他的羊并不存在，他正站立的牧场也不存在，太阳、月亮都不存在，即使告诉他的这个人也不存在，那会怎样呢？

这就是我们周围世界发生的转变。

---

[1] 没有迹象表明这是如何被人们熟知。我猜想，它是否需要从外星人那里获得匿名、难追踪的变速器？

这就是"我们周围（虚拟）世界"所发生的变化。

6.

和那些绝大多数喜欢暗室和沉睡乐队（Sleep）的《耶路撒冷》（*Jerusalem*）的人一样，我喜欢深究模拟论断。据我所知，这是最合理的科学命题，却完全没人相信。我不得不寻找那些买账的人，即使这个人对该命题得以传播负有责任，它得以有效传播的可能性也只有二成左右。但是，即便范式转移只有 20% 的可能性，这也要比其他任何历史转换合起来的概率要高。这会使得哥白尼式革命与维克罗（Velcro）的发明居于同等地位。

我提到的这个人是瑞典存在主义哲学家尼克·博斯特罗姆（Nick Bostrom），他是牛津大学人类未来研究所的所长。生于 1973 年的他算是比较年轻的，头发正在变秃的他担心人类将被机器人所毁灭。但是，正是他的模拟假说 [该假说以奥地利机器人专家汉斯·莫拉维奇（Hans Moravec）早期作品为基础] 带来了绝对变化。2007 年，该假说的前提在《纽约时报》这类杂志初露锋芒，它可以浓缩为如下内容：事实上，我们所认为的真实是在未来构建的一种电脑虚拟，未来的人工智能发展到极致，身处虚拟的人们无法辨别其中不同。就本质而言，我们都是《模拟人生》（*The Sims*）和《文明》（*Civilization*）的超自然复杂版本游戏中的角色，在这里，我们这些构造的角色有自我意识，可以产生原初思维和真情实感。但是这一切都是虚幻的，这里的虚幻和传统意义上的虚幻是一个意思。这适用于一切历史和所有空间。[1]

博斯特罗姆声称，未来有三种可能性，其中一种必然是真的。第一种可能性为，人类还没有到达高层次模拟阶段就已经灭绝了。第二种可能性为，人类确实达到了这一层次，但是出于法律、伦理或者单纯缺乏兴趣等诸多原因，没有人试图模拟出完整的文明经历。第三种可能性则是，我们现在就生活在虚拟之中。为什么呢？因为，如果有可能创造出计算机模拟这一层次（如果人们从法律和社会学角度接受这样做）的话，那么就不会仅仅存在一种模拟。竞争模拟使数量几乎难以穷尽，而且每个模拟之间毫无关联。可以创造出一种连续 1,000 年来每天只生成新模拟的计算机程序。一旦这些多样的模拟社会在技术上达到成熟，程序就（多半）会开始创造自身模拟——模拟中的模拟。最终，我们就只剩下一个原始的"真正"现实，还有数以亿计的模拟现实。简单的数学概率就告诉我们，我们当前的现实很有可能将会沦落至后面的某个范畴中。我们虽然有可能存在于原始版本的非成熟阶段，但概率确实是微乎其微的。

如果你属于那种先读到 2007 年模拟观点而到 2008 年就不再思考这种观点的人，那么当你读到前一段落时很可能会反应如下："这不就是无法理喻的废话吗？"如果你之前从未听说过模拟观点，你很

---

[1] 虽然有些人试图将这种理论与《黑客帝国》中的场景联系起来，但是两者没有丝毫关系。《黑客帝国》中表明，真正的人类身体充当虚拟世界投影的电池。而这种理论认为"真正人类"根本没有涉及其中，至少没有参与投影本身。

可能会想"这种观点怎么可能是真的"。这种假说往往会遭遇根深蒂固的心理障碍——看上去要发生的事情的确发生了，这种经历中夹杂着的陌生与慰藉使得"活着"的感觉令人难以置信到认为是真实存在的地步，对于上述感觉人们无法回避。但是这种感觉却并不可靠（实际上，它可能被拷贝到模拟中）。这种概念最引人入胜之处在于，刚开始，你思考的时间越长，越感觉这种观点似乎是那么合乎情理。虽然博斯特罗姆是位哲学家，但是他这种假设并非属于哲学范畴。这并非是以我们并不存在而需要人去证明我们存在的这种前提开始的情形。它遵循如下基本连续性：

1. 我们有计算机，而且这些计算机会变得越来越先进。

2. 我们已经能够在计算机上创造出现实虚拟，这些虚拟的每个新一代都会进步显著。

3. 没有理由相信这两个事物将不再是真的。

在能力有限的情况下，人工智能就已经存在。即使人类无法创造出一个完全有意识的数字人物，人类也可能在程序范围内创造出一个假定有意识的数字人物。实际上，这听起来像是现在我们在地球上所经历的一样，听起来活生生的一样。当然，如何将这种情况公之于众则需要精神上的飞跃。在此，布赖恩·格林描述了如下一种可能场景：那时，格林正在探讨大约有 20 个数字的集合，它们决定了宇宙的运行规律。诸如"电子质量"和"引力强度"之类的常数已经被精确测量，恒定不变。这 20 个数字竟然惊人地协调——事实上，假如这些数字没有确切数值，那么宇宙中的一切都不复存在。它们如此完美，好像某人设置好的一样。但是，谁会这样做呢？有人回答是上帝。然而，这种模拟假说则代表了某种世俗回答：这些数字是由模拟器设定好的。

"那是一种合理的可能：在未来的某一天，我们能够把宇宙模拟得栩栩如生，这些模拟中的生命在传统意义上是活着的。他们不会知道自己深陷模拟之中。"格林说道，"如果那样的话，会有一个模拟器——可能是 4956 年车库中的某个孩子——他决定并定义这个新宇宙的常数值，而这个宇宙则是他在某个周日的早上在一台巨型计算机上构建起来的。在这个宇宙之内，生命体在猜想'是谁构建了让恒星存在的数值呢'？答案当然是这个小孩。在宇宙之外，则有智能生命负责设置这些必要的数值。因此，便出现了一个神学故事版本，而这个版本与超自然无关。它仅仅涉及某种观念，即我们将能够在未来派的电脑上模拟现实宇宙。"

模拟观点引人入胜的部分原因在于其荒唐逻辑为许多无法解答的难题提供了一种解决方式。当前所有被我们归为幽灵、奇迹、星座、恶魔附身这类难以解释的问题忽然间有了技术上的说明：它们是程序上的漏洞（或者濒死体验情况下的黑客代码）。神学家花费大量时间试图弄清正义的上帝如何能够允许大屠杀发生，但是当名叫格林的少年在 4956 年取代上帝位置之时（奇怪的小孩喜欢死亡），这样的问题也随即消失。此外，模拟假说与上帝存在完全不相悖（它只不过嵌入了一位中层管理者）。

模拟假说的缺陷在于它似乎难以证实（尽管也不是完全[1]不可能）。这种领悟犹如金·凯瑞（Jim Carrey）在《楚门的世界》（*The Truman Show*）[2]中所扮演的角色意识到自己的境况一样，因为没有可以触碰的物理边界。它更像是在玩《大金刚》（*Donkey Kong*）游戏时忽然看到马里奥转身对着屏幕说"我知道这是怎么回事"。或许，对这种模拟可能性的思索是我们能够最近距离接近证明其真实性的方式。然而，这是一本书，所以不受条条框框的局限。在我看来，这种"如何"并不重要。我仅仅假设大家全都意识到我们是模拟的数字生物，生活在一个模拟的数字游戏之中。我假设我们的现实其实是一个成熟的计算机模拟。对此，我们都了然于心。

如果这是真的，我们应该怎样生活呢？或者：我们应该怎样"活着"呢？

---

[1]"有人认为，确实存在（这种）实际证据而不仅仅是一种假设。"泰森对我说的话使我很诧异，"证据如下：存在一种所谓的宇宙射线，它是穿梭于宇宙之中的高能粒子，在我们自以为所理解的天体物理现象的影响下，这些位于星系中心的粒子被加速到很高的能量——尽管这里有很多裂口。人们注意到，宇宙射线所产生的能量存在上限。现在，在我们可以进行实际测量的所有事物中，都存在一个现实事物如何出现的钟形曲线。绝大多数都属于一组，曲线尾部趋近于零。受宇宙射线的影响，曲线尾部逐渐减小，但没有达到临界值。有人说，如果我们是模拟物的话，你不得不加以限制确保其在它的范围内能运作。这个临界值想必就是程序为这些宇宙射线等级预先计算好的界限。我们可以对抗边界。认为我们只不过是某个大型模拟物的观点很有意思。话虽如此……但人们却难以接受。"

[2] 影片讲述了楚门是一档热门肥皂剧的主人公，他身边的所有事情都是虚假的，他的亲人和朋友全都是演员，但他本人对此一无所知。最终楚门不惜一切代价走出了这个虚拟的世界。——译者注

7.

　　想象一下，酒吧里有两位男士，正在边喝啤酒边聊天（用奈尔·德葛拉司·泰森的口吻）。一个人信仰上帝，另一个则不然。他们正在争论道德的本性。信仰上帝的人认为，倘若没有更高群体的存在，人们就没有理由过上道德的生活。因为这意味着伦理道德只是有偏见的规则，是那些有缺陷的人出于自己的喜好随意制定出来的。另一个不相信上帝的人则不同意上述观点，他强调，道德只有在其原理符合人类构建时才会发挥作用，因为这意味着我们的伦理框架并非基于对超自然惩罚的恐惧，而是以为生命建立道德目标为基础。他俩来来回回探讨了好几个小时，仍旧以不同方式重复着自己的核心观点。但是，随后，第三个人坐到他们的身边，给他们新的启发：结果是，我们的道德罗盘既不来自上帝也不源自自身，它来自布伦达（Brenda）。她是生活在 2750 年的一位中年计算机工程师，她设计了包括这三人在内的预设生命。因此，对与错的不同正是来自某种更高力量，但是这种更高力量也只不过是一个普普通通的人。根植于我们社会的道德观念虽然并不是随意的，但也不是共有公正的（它们只不过是布伦达对社会应该是怎样以及人们应该如何表现的个人设想而已）。

　　先前的那两个人喝完啤酒后走出酒吧。他们现在意识到自己对于一切的认知都是错的。那么，他们现在能做什么呢？有那么一瞬间，他们都想到了自杀。"如果我们不是真的，"他们一同想到，"这一切又有何意义呢？"但是这些想法很快消失。首先，知道你并不是真正存在与知道之前的感觉没什么不同。痛苦犹存，即使并没有真正意义上的伤口存在；快乐依旧，即使令你感到快乐之物和你一样的虚无缥缈。人们仍然会有"活着的意愿"，因为这种意愿已经被编入你的角色之中（正如对死亡的恐惧一样）。最关键的是，"这些有何意义？"这个问题在昨天、今天同样存在——虽然所处情境不同，但同样令人困惑。

即使你并非活生生的，生活仍旧继续下去。只不过目的不同罢了。

想想另一个现实中玩家所沉迷的电子游戏——以《侠盗猎车手》（ *Grand Theft Auto* ）为例，选它为例子仅仅因为其深受大家欢迎。当玩家玩任何一个 GTA 新版本时，他往往都要经过三个初始步骤。第一步，弄清各种操作，培养移动虚拟沙箱的整体感觉。第二步，大致检查一下游戏所设定的情节，大多是为了测定其复杂程度，对需要多久才能打完这场游戏有个大概了解。最后——尤其是，如果游戏看起来耗时长、难度大的话——玩家进入第三阶段：杂乱无章地尝试着"打破游戏规则"。我可以把车开到海里吗？我可以开枪打死那些试图帮助我的人吗？我可以对动物拳脚相加吗？游戏里到底有什么限制？

我在第一次玩探案游戏《黑色洛城》（ *LA Noire* ）时，就意识到主人公 [由《广告狂人》（ *Mad Men* ）中克斯·克鲁夫（Ken Cosgrove）的角色扮演者配音] 有时会从大楼某一层上坠落并消失在地球中央。我不明白为什么会这样，因此花了大量时间搜寻他莫名其妙坠落的楼层号。要是我知道自己的实际生活也像主人公那样不真实的话，我也会做同样的事情：寻找打破模拟的方式。很显然，我无法像自己在《黑色洛城》游戏中那样极具战斗力。我并不想自己的角色死去。当我玩游戏时，我是模拟器的延伸物（我的意思是，是我让我的小克鲁夫消失了数百次，因为知道他总是会回来的）。假如我真的活在模拟中，那么我只有一次化身。因此，我所要突破的界限并非实实在在的。实际上，我想说，此场景适用的首要原则与我们日常生活中所采用的别无二样——不要被终结。要活下去。除此之外呢？我要用我的"余生"来弄清楚什么事情是自己不能做的。什么样的想法是我不能有的呢？何种信仰是我无法理解或解释的呢？模拟的创造者是否从没有考虑我们呢？因为，如果这就是模拟的话（且无法超越），那么我不得不寻找可能存在的光明一面：一个模拟世界是一个受限制的世界。从理论而言，它是一个可解世界，却不可以说是我们的世界。

　　唯一的问题在于，有能力构建这样世界的人很可能也会考虑这种可能性。

　　"虽然你可以试着'打破'模拟，但是如果模拟器并不想让你这样做，我想你的努力会落空。"博斯特罗姆从英格兰给我发的一封邮件中这样写道。我怀疑这不是他第一次提出这样的论点。"我认为，无论从智力上还是技术手段上，我们都与他们相差十万八千里（否则，起初他们就无法创造出这种模拟）。因此，他们大概能够阻止其模拟生物破坏模拟系统，不让这些生物发现其中的条条框框。"

　　好吧，我放弃。给我倒杯酒。无论我是否被模拟，都无可救药。我们只能身处于此，别无他法。

8.

《粒子狂热》(*Particle Fever*) 是 2013 年的一部纪录片，讲述的是瑞士的大型强子对撞机。本片记录了历时 50 年搜寻希格斯粒子 (Higgs boson) 工作的最后 7 年。希格斯粒子也就是所谓的上帝粒子，它是我们所相信的深层物理学和存在起源的核心。纪录片采访了许多杰出人才，其中一些人在影片中花了大量时间表达了自己的担忧，即如果耗资 90 亿的大型强子对撞机没有捕捉到希格斯粒子的存在，那会怎样。其中公开表达担忧最强烈的则是被公认为这一代的学术明星理论家尼马·阿尔坎尼·哈米德 (Nima Arkani-Hamed)。1972 年，他出生于一个伊朗家庭，父母都是医生，在加拿大长大。这位长着长头发的阿尔坎尼·哈米德直言，如果没有希格斯粒子，那他就浪费了至少 15 年的光阴。随后，在讨论"宇宙常数"[1] 数值的惊人完美性时，他说了一些身处其位的人往往不会说的话。

"这种事情真的会让你彻夜不眠。"阿尔坎尼·哈米德表示，"它会让你在琢磨我们是否可以一览众山小——重点内容——大错特错。"

或许，可能并非如此。剧透一下：他们确实发现了该粒子。实验成功了。阿尔坎尼·哈米德 15 年的心血并没有白费。但是，希格斯粒子的发现尚无法证明我们对生命起源的看法是正确的。它仅仅意味

---

[1] 宇宙常数是真空中的能量密度值。我并不懂它是什么意思。但是，它是布赖恩·格林在本书前几页中提到的那"20 个数字"——每个数值明确具体、独一无二，哪怕有百万分之一的差别，就不会存在我们所知的宇宙。

着，现在我们还没错。此外，希格斯粒子重量惊人——有 1,250 亿电子伏特——并未证实多重宇宙和竞争理论（"超对称性"宇宙版本，比前者更简练、更有秩序）的可能性。然而，这 95 码的驱动最终着陆：科学界相信那里存在他们无法看见的物质，最终证明确实如此。这表明我们是对的，当前的道路可能是最后一条。

但是，我情不自禁地思考……如果北美最杰出的物理学家愿意公开表达自己对毕生工作担忧之情的话，这会有多牢靠呢？当阿尔坎尼·哈米德发现自己因思考自己潜在错误而难以入眠时，他是难以把握还是注重实践呢？如果没有发现希格斯粒子怎么办？会不会参与此次搜寻工作的天才都会罢工呢？他们会不会重启整个概念呢？绝不。他们仅仅会把这项实验视为一次失败，或者认为大型强子对撞机太小了，抑或认为这种粒子过于狡猾。他们不得不为证实自己的承诺而加倍努力，而我们则会深表赞同。从哲学角度而言，作为物种的我们要致力于此，这就如同在前哥伦比亚时代宗教对文化存在定义的方式一样，也如同当今科学对我们存在定义的方式一样。

我会相信我们是对的吗？我的确相信。但是，即使我有所怀疑，我又能做些什么呢？

But

What If

We're Wrong?

?

世界并不在那里

"阴谋论"这个词所含有的公共关系问题无法改变。严格意义上而言，它仅仅是解释性地描述某个特定阶层出现且未经证实的情况。然而，问题在于只有把所声称的任何内容迅速抹去，它才可以自我运用。你可以说："我怀疑有阴谋。"你也可以说："我有某种理论。"但是，你不能说："我有阴谋论。"因为，如果你这样说了，可以断定你自己也不完全相信自己所制造的阴谋论。越来越多人相信，阴谋论未必只是愚蠢至极。一些人辩论道，从政治角度而言，它是有害无益的。英国记者大卫·阿罗诺维奇（David Aaronovitch）曾在他早期的一部名为《巫毒史：阴谋论是如何塑造现代历史的》（*Voodoo Histories: The Role of the Conspiracy Theory in Shaping Modern History*）[1] 的作品中宣称："我希望向大家呈现的是，阴谋论的信仰本身就有很大危害。我们的历史观点、当下观念都被扭曲——如果传播到一定范围的话——会导致灾难性决定。"聪明之人应该会意识到，

---

[1] 虽然这本书超有意思，但我却无法想象出版社应该怎么把它推向市场：它否定了所有可能的阴谋论，但唯一一对此感兴趣的人竟然是那些阴谋论的痴迷者（还有一些人阅读这本书纯粹是为了检验那些被作者描述为虚假的阴谋论细节）。这有点像假设我写了本 390 页关于佛利伍麦克合唱团（Fleetwood Mac）的《谣言》（*Rumours*）密纹唱片的书，但我的中心论点是该唱片不值得一听。

阴谋论这个词仅仅只有一种对话效用：它把那些不受人待见的可能性边缘化，认为其内在缺乏逻辑性，那些提出这些建议的人也一并受到排斥。

但是我还是想探讨一下阴谋论（接下来我也会这样做的）。鉴于我之前的观点，这意味着，我要对自己真正不相信的理论（确实不相信）仔细思考一番。然而，这就是我最喜欢的理论，它包罗万象。它可能是最大的阴谋，可能是最难以言之成理的，也是最难反驳的——如果它是真的——对社会所造成的危害也最少。这里所指的是"虚幻时间假说（the Phantom Time Hypothesis）"，其前提直截了当，其中荒诞之处显而易见：它表示过去（或者至少我们所知道的过去）根本就从未发生过。

虚幻时间假说有两大分支，两者都受到诸多质疑。第一种说法为"次要理论"，该理论由德国历史学家黑里贝特·伊利格（Heribert Illig）提出，被汉斯·乌尔里希·尼米茨（Hans-Ulrich Niemitz）加以拓展延伸。按照德国的虚幻时间假说版本，614 年到 911 年之间的历史表面上被天主教会所篡改。这样一来那个时期的统治者便可以在公元 1000 年开始其统治（这样他们家族就可以再统治 1,000 年，因为他们迷信地认为在公元 1000 年掌权的人便可以在接下来的 1,000 年稳坐江山）。第二种说法则是"主要理论"，该理论源于俄国，由马克思革命主义者尼古拉·莫洛佐夫（Nikolai Morozov）发展，经数学家阿纳托利·福缅科（Anatoly Fomenko）详细描绘。在所谓的"新纪年法（New Chronology）"中，11 世纪之前所发生的一切几乎都是历史伪造的，我们现在所接受的历史记录是由 15 世纪法国宗教学者构建的。论证的焦点并不在于历史始于 11 世纪，而是我们对之前所发生的事情一无所知。法国历史学家[1]权威性强，试图重新创造历史，在我们未知的史前时期的历史中插入了各种各样关于中世纪的事情。这意味着许多历史人物只是具有相同故事根源的不同神话版本而已[例如，匈奴王阿提拉（Attila the Hun）、成吉思汗（Genghis Khan）和帖木儿（Tamerlane）都是以同一个人为原型塑造的]。福缅科推测，耶稣基督的一生是 12 世纪一位拜占庭国王统治时期的理想化写照，这位国王受人爱戴，曾试图瓦解贵族式统治，授予下层社会更多权力。简而言之，我们对古代的一切认知都是虚幻故事，这些故事所依据的基础还不到 1,000 年。

现在，如果你认为这些理论完全是无稽之谈，那么你就无须特别努力工作（据说，按照次要理论版本的理解，仍旧意味着我不知道自己现在写这本书时是在 1718 年）。大量数据如雪崩般地涌入，对这些猜测提出质疑，有些是天文学数据（例如，某些彗星、日食、月食的记录时间与我们的时间表相吻合），有些则是考古学数据（主要理论假说意味着支持我们传统历史观点的数百种文物都是高级赝品，是 15 世纪那些修道士秘密伪造的）。这里也涉及动机问题：在俄国内部，福缅科修正主义时间表取代了"真正历史"的中心地位，很可能这是只有俄国人认真对待的原因所在[最著名的大师级别人物加利·卡斯巴罗夫（Garry Kasparov）是国际象棋世界冠军，他就曾长篇大论地

---

[1] 在他的七卷珍藏版《历史：是虚构还是科学？》（*History: Fiction or Science?*）中，福缅科特别以约瑟夫·尤斯图斯·斯卡利杰（Joseph Justus Scaliger）为例，尽管这里也应涉及基督教会。

支持该理论，文章名为《数学的过去》(*Mathematics of the Past*)]。但是，理论的闪光之处——尤其是，更大的俄罗斯中心主义假说——在于其无懈可击的视野。如果你相信一切历史都是人为捏造，那么反驳该断言的一切证据都是伪造的。例如，（在许多国家）公元837年观测到彗星，这正是彗星应该被看到的时候，这就意味着837年确实按照我们一般所推测的那样发生过……当然，除非你认为黑暗时代（the Dark Ages）被归类为"黑暗"的原因在于该时代并没有发生过，并且该时代所包含的所有附属性细节都是阴险之人为了确保可以对得上数字而凭空捏造的。我们无法不加辩驳就对虚幻时间假说的两大分支全盘否定，因为两者都基于同一信仰，即我们所掌握的远古信息都不是真的。任何与已确定的人类历史可能性相抵触的虚假内容，都是阴谋得逞的证据。这是无法被击垮的虚无论断。

因此，为何要把它纳入考虑范围呢？

出于中心原则我才把它纳入考虑范围。虚幻时间假说无意间激发了一个更大的、更有意义的问题。因为像大卫·阿罗诺维奇这样的人都讨厌听到这样的问题，它为许多令人烦躁、误入歧途的猜想打开了一扇门。但是仍旧需要提出这样的问题：你对发生在自己生命中的那些事件都视而不见，那么对于这些不是由其他人直接告诉你的人类历史，你又知道多少呢？

这个问题很可能有且只有一个答案。

2.

　　和虚幻时间假说支持者进行辩论有点类似于与那些坚称自己生活没有真实发生过的人争论,后者坚决地认为,你现在真的睡着了,你所认定的现实只不过是一场你睡醒就会消失的梦而已。对于这样的说法,人们如何能够辩驳?(除非你羞于这种"嘲讽"且考虑到行之有效的法医技术),否则你无计可施。尽管对于任何特定世界都是幻影这样的论断不能苟同,但你无力辩驳世界本身就是一种幻觉这样的观点。没有另一个世界与之相抗衡。梦境则是我们所拥有的最接近的等价物——有点奇怪的是,现如今梦境的重要性无可复加。

　　对绝大多数历史而言,梦境被认为具有深层次的重要性,就像具有更高力量的精神互动一样。3,000 年前(假设福缅科是错的),西藏喇嘛为了在睡梦瑜伽的过程中寻求开悟而自学清醒梦。大约在 1619 年,哲学家勒内·笛卡尔(René Descartes)提出了"梦的论证",在宿舍进行关于"这可能真的没有正在发生"的对话则是论证的精髓 [1] 所在。20 世纪之初,西格蒙德·弗洛伊德(Sigmund Freud)的作品通过定义把对梦的严肃性探讨推向巅峰。他认为梦代表一切,而他的敌对门徒卡尔·荣格(Carl Jung)则认为梦胜过一

---

[1] "梦的论证"有双重命题:一是梦似乎如此真实以至于无论自己做梦与否都无法分辨。二是——通常只有醒来才意识到自己做梦了——很可能,当前看似普通的日常实体会在我们清醒的那一刻土崩瓦解。换而言之,你可能觉得自己正在读脚注,但可能是在一个不清醒的梦中读脚注。一旦你意识到这一点,这页纸也就开始消失。

切，通过梦可以洞察人类所共享的集体潜意识。但是一战刚结束后，这种思考模式逐渐崩溃。1924 年，人们有能力绘制脑电活动——自那时起，梦逐渐变得无足轻重。最后一次大规模把人类梦境编目成数据库消失于 20 世纪 60 年代。1976 年，两位哈佛大学精神病学家 [1] 提出一种可能性，即梦仅仅是睡觉时脑干混乱发出的副产品。从那时起，传统科学观点认为——尽管我们并不能完全明白做梦的原因——梦本身并无任何意义 [2]。梦是我们在无意识时随意搜集的图像和声音。[3] 大脑的局部解剖图为梦境中的迷幻离奇提供了解释：做梦时，大脑区域中控制情感（脑的边缘系统）的部分高度活跃，而大脑区域中控制逻辑的部分（前额叶皮层）则处于休眠状态。这也就是为什么梦会令人感到恐惧、紧张的原因，即便当你把梦中所看到的场景描述给别人听时他并不觉得吓人。这似乎已经成为区分集体奇异现象的标准方法：梦仅仅是我们大脑在休息状态所发生的有意思的事情——当它发生在其他人大脑中（而这个人在吃早饭时向我们讲述他做的梦）时，就一点都没意思了。

这看起来很可能是巨大的判断错误。

---

[1] 这两位精神病学家是霍布森和麦卡利 [约翰·艾伦·霍布森（John Allan Hobson）和罗伯特·麦卡利（Robert McCarley）]，他们对梦并不在意。

[2] 这种看法普遍存在以至于那些有其他想法的人也不得不承认它的普及度。"在西方社会，绝大多数人并不关注自己做的梦。"迪尔德丽·巴瑞特（Deirdre Barrett）说道。她是哈佛大学医学院心理学助教，研究梦境长达 40 年。

[3] 随着认知行为疗法的发展，这一点逐渐显现。该疗法是一种精神分析模式，认为许多想法仅仅是"自动化思维"，不应该将其看成对我们真实信仰和欲求的文字性描述。例如，不能仅仅因为你自发产生杀死某人的幻想就表明你私下里真正想这样做。

每天晚上，我们都会经历许多完全由我们潜意识所构建的超自然体验。我们不费吹灰之力所构建的超现实的心理投射占据了生命的三分之一。各自独立的文化群体中毫不相干的人都做过某些非常具体的梦，比如，自己的牙慢慢掉了。但是，这些事件过于个人化、神秘得令人难解，以至于我们不再纠结它究竟为何意。

"我们不得不得出如下结论：可以对梦进行科学系统的解释。"理查德·林克莱特（Richard Linklater）在电话里这样告诉我。他在得克萨斯州的一间工作室给我打电话，我能感觉到他边和我聊天边在一间大屋子里打扫卫生——他所说的句子时不时被扫帚悦耳的沙沙声打断。"梦曾在大众文化中扮演着更加重要的角色——人们在日常谈话中会讨论它，写日记记录它也是常有的事。因此，为什么梦的地位降低了，而像占星术这样的事物却仍受欢迎？我的意思是，前者真真切切地发生在每个人的身上，而后者却处于一种明显不真实的体系中。不知何故，这种被我们连接到其他现实的思想却根本不再值得探讨，即使多重宇宙论和弦理论变得日益突出。越来越多的科学家勉强承认，关于宇宙的某些事物导致这种可能性。因此，有两件事同时发生：我们正在进入这样一个时期，在此期间，我们对宇宙的看法变为'该死的，怎么会这样呢'；可能存在跨越空间的无穷个另类现实，这完全基于某种猜想——然而我们的梦真的就毫无意义了吗？我的意思是，那些试图解释我们梦境的科学家也在告诉我们，宇宙的事情使人费解到几乎无法描述的地步。"

林克莱特是位在奥斯汀工作的导演，《少年时代》（*Boyhood*）是他最广为人知的作品。这部虚构作品耗时 12 年拍摄完成，获得奥斯卡金像奖提名。他最成功的电影名为《摇滚校园》(*School of Rock*)，最温情的电影由"爱在"三部曲组成，就规范而言最重要的电影则是《年少轻狂》(*Dazed and Confused*)。[1] 但是我想采访林克莱特关于他的两部商业气息较少的电影：一个是其长片处女作《都市浪人》(*Slacker*)，另一个是 2001 年上映的真人动画电影《半梦半醒的人生》(*Waking Life*)。《都市浪人》以一位（由林克莱特饰演的）无名氏思考自己的梦开场，他认为通过梦可以洞见另一个平行现实。《半梦半醒的人生》则是关于迄今为止电影中所能呈现的最身临其境的梦境体验——利用转描机技术对林克莱特 18 岁时所做的不断延伸的清醒梦进行再创作。现在五十多岁的林克莱特承认，他更愿意把梦看成通往另外已经"沉沦"世界的实实在在的途径。但是，他仍旧认为，我们低估了夜间自述在心理层面的重要意义。为《半梦半醒的人生》带来启示的清醒梦在 12 分钟的实时睡眠中被压缩，但是——在林克莱特的内心——这场梦持续数日，以至于他甚至真的认为自己已经死了。是否有可能这就是梦的一个功能呢？我们是否需要为了应对我们有意识的外部存在而创造出无意识的内部体验呢？

"我仍在考虑一些事情：濒死体验。"林克莱特继续说道，"有几本关于此主题的畅销书，通常都是从基督教的角度展开。但是，我特意在《半梦半醒的人生》中谈到这个概念。你大脑中有种名为二甲基

---

[1] 在我们的谈话接近尾声之时，林克莱特提到了他打算为了他的财政支持者把一场初次剪辑的新电影搬上银幕。"我在考虑用范·海伦乐队（Van Halen）的一首歌为该影片命名。"他强调。那时，林克莱特正在回忆 1978 年黑色安息日乐队（Black Sabbath）和范·海伦乐队"永不言弃"巡演。所谈论的这部电影最后名叫《各有少年时》(*Everybody Wants Some*)，于 2016 年上映。

色胺 [1] 的化学物质。该物质源源不断地出现，直到你死的时候它还存在。这里有种想法，即在你死去的那一刻，可能你脑组织所含有的所有二甲基色胺便立刻派上用场。"有趣的是，一切关于濒死体验的畅销书总是在讲述人们在那一刻接近上帝，看见亲属，感受到了安详、美好。这些书中从未提到那些经历不美好的濒死体验的人，实际上他们非常恐惧。这仅仅让我们明白，我们在这些所谓的来生时刻带入了过多的个人色彩，而这可能是我们需要做好准备的。

　　林克莱特在描述睡眠与死亡之间存在的一种尚未被觉察的关系，尤其是，在濒临死亡时那种一生"在眼前闪现"的感觉。这就是终极梦境体验，很可能由大量二甲基色胺所致。我们每天晚上做的梦是否有可能与这种戏剧性的意外事件有着微妙的联系？如果答案是肯定的话，有灵性的人可能会认为，这说明梦境帮助我们为重要之事做好准备；同样的消息，在世俗之人看来则可能会认为，这意味着梦境是只在生命终结时刻发生的大量化学事件的微型版。但是，无论哪种说法，这种场景应该会使得梦境内容的重要性发生巨变。现在，我们认为所梦到的内容无足轻重。如果我们对梦所产生心理后果的看法是错误的话，我们最终会仅仅因为看上去难以进行现实研究而愿意把敏锐的认知体验集中起来。研究梦境主旨的难点直截了当：我们可以绘制出脑电活动，但是无法看见别人的梦境。向做梦者询问他们记住了些

---

[1] 二甲基色胺（通常简称 DMT）也可以用于娱乐消遣。把人造 DMT 晶体塞在大麻叶芽上，然后吸上一口，则会产生持续 10 分钟左右的强烈视觉体验。由于体验稍纵即逝，有时人们也把 DMT 称为"商人迷幻剂"。它不需要占据大量空闲时间。但是，梦幻时光同样灵活，在 DMT 作用下，10 分钟让人感到很漫长。

什么是我们分析梦境内容的唯一方式。这使得所有努力太富有解释性而无法将其称为正统科学。每个细节都可以对论点进行证明或反驳。

和林克莱特交谈的过程中，我提到前两天晚上我妻子做过的一个焦虑的梦：她梦见我因为没能把儿子从托儿所接出来而遭毒贩子暴打。她现实生活中的一些细节也出现在这个梦中——做梦的前一天晚上因为工作很晚才到家，而我刚刚在牙医那里历经可怕之事，在上床睡觉前我俩都看了一集《血脉》（*Bloodline*）（一部关于贩毒的电视剧）。但是这些关联完全可以向另一个方向发展。它可能意味着梦比我们想象的还要重要，因为所叙述的细节似乎折射出她日复一日生活中所发生的事情；它也可能意味着梦毫无意义，因为这些细节只是她考虑和抛弃的各种杂七杂八想法的碎片而已。这两种可能性引发了众多相关问题，而这些问题是我们只有进入其大脑才能触及的（既然我们无法这样做，那就不必讨论）。举例说明：我们知道这个梦是我妻子大脑制造的，因此梦的每个细节之处必然出自同一大脑。（例如）我的妻子如果根本不知道一本晦涩的现代派小说写些什么，那么她就不会梦见这本小说中的某个特定人物。但是，她会不会梦见一些连她自己都不清楚自己知道的内容呢？罗伯特·路易斯·史蒂文森（Robert Louis Stevenson）在1885年秋天做过一场梦后写下了（或者至少可能算是）著名小说《化身博士》（*The Strange Case of Dr. Jekyll and Mr. Hyde*）。多年来，他一直对人格主题感兴趣，但真正让他忽然在数天之内精心创作出复杂小说情节的正是这个梦。这个故事源自史蒂文森的大脑，和他写过的其他任何故事没什么不同。但是，如果没有做那个梦，他会写出这本小说吗？我们是不是低估了自己与一切尚未意识到的潜在想法互相作用的唯一自然方式?

在谈话结束前，林克莱特告诉我他一周前做过的梦：他梦见自己身处艾利斯·库柏（Alice Cooper）音乐会后台，看见音乐家的儿子坐在轮椅上（艾利斯·库柏确实有两个儿子，但他们都没有瘫痪，林克莱特从没接触过这两个儿子）。在梦中，林克莱特向库柏的儿子走过去并且问他多大了，当时他猜想这个儿子应该三十多岁了。坐在轮椅上的儿子答道："十八岁。"这个回答说不通，似乎毫无意义。但是，两天后，林克莱特逐渐明白过来，"我十八岁"（I'm Eighteen）是艾利斯·库柏最具突破性的单曲的名字，这首歌他听了数百遍。

"因此，我想这有点有趣。"林克莱特说道，"我梦里有个笑话，竟然花了两天时间才找到笑点。虽然没有走得太远，但是要么举足轻重，要么无足轻重。这仅仅是生活观点而已，仅仅是关于如何思考的看法而已。"

3.

让我们来疯狂一下。让我们展开想象，虚幻时间假说被证明是对的 [这绝不会发生，但是——冒着听起来有点像阴谋尤达（Yoda）的风险——许多事情在未发生前都被认为是绝不会发生的]。为了让事情保守些，我们只在"次要理论"层面探讨，因为该理论不是太激进（仅仅否定了三个世纪），至少稍微讲得通（在发明公历时，天主教稍做了修改，这点我们已经接受。这与凭空捏造不存在时间的欲望完全不是一回事）。让我们假设，该事件证据令人信服，理论得到一切应有支持——科学界、史学家、媒体和梵蒂冈。我们承认它确实发生过。但是，没有人真的想把日历再往前改，因此生活一如既往。唯一不同是，现在绝大多数知情人士承认黑暗时代谜一般地存在，源自那个时代的历史故事要么发生于另一个时期，要么就从未发生过。

这有什么重要的呢？

当然有，许多非常久远的事物现在变得不再那么久远，遥远的人类活动（如耶稣被钉在十字架上）则不再那么遥远。当然，历史书需要纠正，《巨蟒与圣杯》（*Monty Python and the Holy Grail*）不是那么有趣，史提利·丹（Steely Dan）的歌曲《孩童查理曼》（*Kid Charlemagne*）的潜台词会更古怪些。但是唯一真正的问题则是后续的多米诺效应：如果我们在一些基础层面犯了错，那么，从理论角度而言，我们会在任何事情上犯错。虚幻时间假说会使每一个可能的怀疑论者得到认可，包括那些怀疑虚幻时间假说的人。几乎可以确定的是，一种新的阴谋论会迅速兴起，这一次则假定黑暗时代并未发生，出于邪恶自私的目的，修正主义者试图把这 297 年抹去。小部分民众一致认为这些年代是存在的，如同当前一小部分人不接受它的存在一样。但是，双方的日常生活根本不会发生任何改变。

"现实"观念的冲突并不会对现实有任何影响。这点并不是专门适用于阴谋论者，对各个时代的人都适用。

4.

2015 年 2 月 26 日晚，我（和数百万人）经历了一次文化活动——该活动持续数小时——似乎真的难以解释。到 2015 年 3 月，世界上大多数人都已经将此事翻篇。但是我仍旧想到了那一晚，并不是因为所发生的事，而是因为在其发生之时的那种感觉。

一名女子在网络上传了一条裙子的照片。某位母亲将在一场苏格兰婚礼上穿这条裙子，但是这个细节无关紧要。重要的是裙子的颜色。衣服图片上附有如下说明：

请各位帮帮忙——这条裙子是白金色的，还是蓝黑色的呢？我和朋友无法达成一致意见，我们都吓坏了。

当我妻子看到这幅图时，她说道："我并没有找到笑点在哪里。这就是一条白金色裙子。"而我看到图片并告诉她这明明就是蓝黑色的裙子时，她认为我在逗她（说句良心话，我并不是那种人）。我并没有说谎逗她。虽然我们看见同样的裙子，但是看到完全不同的结果。我给一位加拿大朋友发短信提到这件事，而他却似乎并不把它当回事——他认为，每个人在推特上都没有说这条裙子是蓝色的（尤其像蔓长春花那种颜色），而且黑色正有意识地挑衅着整个网络。"我什么都不知道，"我回答道，"这里正在发生着什么。"的确，某件事正在发生。一些人在各自觉察到某些明显不同之处时，往往会持有不同观点。起初，非科学调查显示，绝大多数人认为这条裙子是白金色的，但是差距迅速缩小至 1∶1（这可能由于人们发现这条裙子其实是蓝黑色的）。

　　第二天，无数评论者都试着解释其中原委。但没有一种解释具有说服力。绝大多数解释都源自如下观点：这件事发生的原因在于大家都只是看到这条裙子的照片，并没有看到这条裙子本身。但是，这仅仅转移争论的焦点，并没有改变其本质——究竟为什么两个人会在看同一张照片时出现两种截然不同的结果？人们会瞬间感到，这条愚蠢的裙子恰巧与某些先前未知光频相冲突，该光频恰巧在某种颜色可以被感知的两种方式之间——可能，很可能，不知何故——人们看到"蓝色"和"金色"（或许每种颜色）是并非采用统一标准方式。这意味着颜色并非真实物体，我们对色轮的知觉具有主观性，我们现在划分到"蓝色"的部分在千年之后很可能就不再属于"蓝色"。

　　但是，这好像真算不上一个新辩论。

　　数十年来，人们一直谨慎认为颜色并非静态属性，它似乎取决于古代作品，该作品出自一位富有想象力但完全不可靠而且很可能失明的诗人。《伊利亚特》（The Iliad）和《奥德赛》（The Odyssey）中，荷马（Homer）都描述过爱琴海。他一再把爱琴海描述成"深紫色"。他坚定不移地宣称，海洋和红酒的颜色一样。对某些人而言，这意味着3,000年前我们看到和理解的颜色与现在我们看到和理解的完全是两回事。而在另一些人看来，这仅仅是一位诗人举的诗意化的例子而已（或者，很可能是一位失明诗人的糟糕建议）。它要么意味深长，要么毫无意义，这也可能是人们一直探讨的原因所在。

　　"在我看来，人们夸大了荷马所写那段话的意义。他只是引起共鸣而已。"社会研究新学院哲学助教瑞德·亚当斯（Zed Adams）表示，"但是我认为，这确实暗示古希腊对某些'色彩词'与我们现在使用的词存在重要的不同之处。可能这种平光或亚光区别对古希腊人而言比对我们更为重要，因此荷马认为水和酒的颜色几乎相同，因为从某种程度而言，它们都属于平光。但是，除此之外，我认为海洋有时确实是酒红色的，我并不认为这段话分量很重。"

亚当斯是《论色彩的谱系》（*On the Genealogy of Color*）的作者。他相信，颜色这一主题是探讨我们对现实体验与他人对现实体验共享程度高低的最具体方式。这是横跨哲学和科学的难解之题。另一方面，它是一个物理论证，认为光在我们的色彩感知中占据重要角色；与此同时，它也是关于不同人如何从语言角度对颜色进行描述的语义论证。这里也存在一种历史组成部分：人们认为每个人都用同样的方式看待事物的推测直到 17 世纪色盲的发现才消失（我们又花了 200 年的时间才意识到人与人之间存在的差异）。

400 年前所发生的真正变化（再次）归因于牛顿和笛卡尔，这次则是发生在光学领域。事物看起来是"红色"并非由于其本质是"红的"（这正是亚里士多德[1] 所相信的），牛顿和笛卡尔意识到这与物体和光之间的关系相关。根据亚当斯的解释，这使得思维与世界间存在某种新的分隔。这意味着，我们无法通过自身观察理解世界上各种各样的事物，这也使得人们从理论上更能想象出，两个人对同一件事物看到的结果可能截然不同。

特别有趣的是，亚当斯相信笛卡尔对自己关于光的发现和自身体

---

[1] 有时我在想，我应该把这本书命名为《亚里士多德：一位大错特错的天才》（*Aristotle: The Genius Who Was Wrong About Fucking*）。

验存在误解。其论点所立足的基础摇摇欲坠：亚当斯怀疑，在遥远的未来我们论及颜色的方式很可能与我们现在的方式大不相同。这是因为未来谈话的解释性将变少，精准度将增加。我们当前感知的非准确状态含有某种乐观看法——某一天，我们可能会把这个弄明白。可能，我们会同意"蓝色"是蓝色的观点，而关于网上裙子颜色的争论只会持续三秒。

"笛卡尔认为，心灵，尤其是'精神体验像什么样'，则置身物理世界之外，例如，（这种精神体验）发生变化时与我们相关的万事万物却保持不变。"笛卡尔表示，"在我们看来，这种观点的直觉性逐渐降低，而且开始变得很愚蠢。我想象一下，100 年后，如果我告诉你，'但是我怎么能够知道你的色彩体验是否和我的一样？'你可能会这样回答，'当然，如果我们眼睛和大脑都是一样的，那么我们色彩体验也就一样。'故事结束。"

5.

隐喻之羊没有爱。至少在阴谋论者之中，没有比这更糟糕的事情了。"你就是只羊，"他们说，"他们想让你信什么你就信什么。"但是，这意味着他们——隐喻的牧羊人——有一些想让你接受的内容。这意味着，这些改变世界的牧羊人正有意识地引导他们的跟群

羊 [1] 得出有利于他们的结论。没有人会想到一种可能性，即牧羊人仅仅在草场上漫无目的地游荡，他碰巧转到哪个方向就指着羊群向那个方向迈进。

在我和林克莱特谈论梦境的那天，《纽约时报》上刊登了一则几天前发生在曼哈顿的暴力事件。一名男子用斧头袭击了一名女警，随即被女警搭档击毙。这起枪杀案发生在上午 10 点宾夕法尼亚车站附近的一条街道上。现在，有人推测，在光天化日之下，看到一个疯子在被枪杀前拿着一把斧头向警察的头部砍过去，这个场景会在人的脑海中挥之不去。然而，《纽约时报》在文章中讲述了至少有两位目击者是如何错误地描述该事件。林克莱特对此很是着迷："虚假记忆，接收到的记忆，我们如何填充猜想空白，大脑用一些严格意义上错误的内容填充这些空间的方式——所有这些错误可以让我们感知世界，以某种方式让我们接受从而能够在法庭上被认可。这些受人认可的内容足以把某人送进监狱。"要记住，这是一场仅仅发生在数小时之前的暴力事件。目击者正在描述那一天所发生的事情，他们没有必要说谎。但是，视频监控证明他们对现实的描述并不准确。

由于实际原因，这种程度的审查无法用于遥远的过去。绝大多数历史并没有被录制下来。但是，有意思的是，我们都愿意认为，古老的故事也可能是真的。这主要根据如下逻辑推测而出，一是故事已经很久远，二是没有证实不同版本的其他方法，尽管我们也无法绝对确定原始版本。

---

[1] 原文英文为 sheeple，翻译为跟群羊，即在意见、品位等事宜上随大流的人，也就是中文中的"墙头草"。——译者注。

在曼哈顿警察遭遇精神分裂者斧头袭击的前一周，西摩·赫希
（Seymont Hersh）在《伦敦书评》（*the London Review of Books*）
上发表了一篇名为《杀死奥萨马·本·拉登》（*The Killing of Osama
bin Laden*）的一万字故事。赫希的长篇文章可以浓缩如下：2011 年，
本·拉登遇刺的说法是奥巴马政府有意捏造的假象。它并非海豹突击
队根据美国中央情报局细致的情报搜集对黑色行动发动的秘密袭击；
由于前巴基斯坦情报官员为了钱而泄露本·拉登的行踪，海豹突击队
因此可以直接进入大院执行死刑。这并非一场厚颜无耻的军事冒险；
巴基斯坦政府事先知道事情动向，对秘密行动持默许态度。在该文章
发布后的前 36 小时内，人们感觉像是有一些不可思议之事忽然水落
石出：要么我们被一个一切并非像其表面所呈现的那样的影子政府所
控，要么近半个世纪最优秀的调查记者已经完全丧失理智。直到周末
前，绝大多数读者更倾向于后者。部分原因在于赫希随后在 *Slate* 杂
志上的采访使他自己变得不靠谱、有点疯癫而且古板老套。但是，大
量资料对赫希叙述中具体细节的有效性产生怀疑，即使对诸多细节的
反驳并没有真正颠覆更大的阴谋论点。赫希另一个版本叙述比原本叙
述遭受到更苛刻的审查，即使有关本·拉登遭暗杀的主流版本更具有
戏剧性。如果电影导演凯瑟琳·毕格罗（Kathryn Bigelow）曾把赫
希的故事用于执导《刺杀本·拉登》（*Zero Dark Thirty*）的话，该影
片很可能具备呢喃核（Mumblecore）[1]特点。

---

[1] 呢喃核是美国独立电影界在 2000 年之后获得关注的一项运动。这个流派的电
影特点包括超低预算制片（常常由手持的数码摄影机完成）、关注 20 岁左右年
轻人的情感生活、即兴创作的剧本、非专业演员出演。

美国的绝大多数人到 6 月第一周便把《杀死奥萨马·本·拉登》抛之脑后。随后我做出的关于赫希的所有谈论（我曾多次谈到）都离严肃性渐行渐远。一年多之后，记者乔纳森·梅勒（Jonathan Mahler）为《纽约时报》写了一篇报道，从媒体角度对这次争论进行再调查。"对绝大多数人而言，"梅勒写道，"（本·拉登的官方报道）处于某种模糊状态，游走于事实与神话之间。"考虑到这起谋杀事件最终需要核实内容，而这正是报道应该提出的部分。但是，我认为报道并没有这样做。从人们对梅勒报道的反应（大多数持怀疑态度）来看，我认为，大部分美国公民并没有对本·拉登如何被杀的传统描述表示怀疑。这种赞同值得注意的原因至少有二。一是 [如果第二篇这样的报道出自俄国这样的国家，如果是弗拉基米尔·普京（Vladimir Putin）精心策划了所谓的阴谋] 根本没有美国人提出质疑。人们立刻会认为这看似合理，甚至很可能发生。二是这是一个关于"多元事实"如何未真正符合人性诡计的令人不安的例子：因为我们在听到一个版本后又不停地被告知另一个版本，这样就很难颠覆初始版本。人们下意识地认为，赫希的报道版本不得不自圆其说的同时反驳初始报道版本，这自然使得初始版本被视为事实依据。花了 4 年的时间才形成这种想法。由此可以对 40 年、400 年或 4,000 年后的这种现象进行推测：有多少历史仅仅因为无法充分证明其虚假性而被归为真实一类？换而言之，我们无法无可辩驳地证明 1776 年并没有像我们所相信的那样发生，因此也就没有正当理由提出相反的可能性。任何一种相反的可能性都使用同样的方法论，因此（至少）存在同样的缺陷。随着事件发生时间离我们越来越远，这也就变得越来越根深蒂固。因此，尽管认为所有历史从未发生的想法荒谬至极，但是对我们所知的一切历史深信不疑的观点也几近荒诞。所有这一切都指向一个可预设的问题：何种重要历史事件最有可能是错的呢？这并非由于我们掌握了可辩驳之处，而是因为运作方式的错误。

我们从那些历经风雨人的字里行间了解过去。但是这些人并不靠谱，上述事情就时不时让我们想到这些。目睹某人用斧头袭击警察的普通人会在事件发生 20 分钟后错误描述他的所见所闻。而错误仅仅是问题的一小部分而已。人类还有说谎的冲动——并不是出于恶意，而是善意的谎言，这完全超出了看似有趣的意愿。D.T. 马克斯（D. T. Max）在大卫·福斯特·华莱士逝世后出版他的传记时，令人沮丧地发现华莱士纪实作品中那些最令人难忘、最振奋人心的奇闻逸事竟然都是凭空捏造的。当然，针对无数用互联网核查尚未普及之前就出版发行的文章进行这样的指控不无道理。约瑟夫·米切尔（Joseph Mitchell）、琼·狄迪恩（Joan Didion）和亨特·汤普森（Hunter Thompson）所写的典型作品都含有图片资料，但这些资料无法经得起现代的核实过程[1]——我们只集体决定接受所谓更大的真相而忽略

[1] 根据斯蒂芬·格拉斯（Stephen Glass）在《新共和》（The New Republic）上的虚构揭露，杰森·布莱尔（Jayson Blair）在《纽约时报》任职期间的肆意编造以及刊登在《滚石》杂志上关于美国弗吉尼亚大学的一起虚假强奸报道这些事件，有人可能会对所支持的"现代核实过程"真实性产生怀疑。但是，在此有两件事情必须要考虑。第一，事实核查过程无法避免一个问题——我们几乎无法对一个由作者完全凭空捏造的故事进行查证，因为你无法否定对立面。一家杂志的事实核查员以记者凭空捏造的故事为前提展开调查并不切实际，因为只有精神病患者才会这样做。这就像医生对患者开始进行每项医疗检查时都会问她是否谎称自己不舒服。第二，这些故事最终都会被证明是假的。只不过所花费的时间比我们预想的要长点。

那些不可信的部分。换而言之，那些不是很清楚的人往往在无意中就犯了错，那些深知原委的人则有时会故意弄错——每当一则现代新闻报道迅速发酵之时，所有人都意识到这种可能性。但我们很少质疑过去的信息。我们很难获得 20 世纪以前相关生活信息，任何有价值的物品都只停留在其表面价值上。在肯·伯恩斯（Ken Burns）执导的系列纪录片《美国内战》（*The Civil War*）中，冲突中最迷人的一瞥是士兵写给家人的私人信件。当人们大声阅读这些信件时，我几乎要哭了。我自然而然地沉迷于这些书信之中，将其视为历史事实的个人浓缩。但是为什么会是那样？为什么我断定这些盟军士兵写给妻子的内容不会被肆无忌惮地夸大，不准确或者完全不真实呢？因为，我们有许多毫无关联的内战退伍老兵写的大量信件，某些主张和描述可以进行互相核查证实。如果多封信件提到面包中有象鼻虫，那么我们可以断定面包生虫。但是美国内战并非遥远的历史事件（令人惊喜的是，一些内战老兵在 20 世纪 50 年代还活着）。我们越向前追溯，也越难以了解目击证人的证词是否是严肃考虑过的，尤其是描述量相对较少时。

在酒吧，人们喜欢玩一种游戏，尤其是那些喝醉了的受教育者。这种游戏没有名字，但规则很简单：玩家要尽可能多地回答所提出的问题，在此期间不可以答错一题，不可以用同一个答案回答两个问题，也不可以看手机。第一个问题，"说出一位在 21 世纪的历史人物。"（这题没有人答错。）第二个问题，"说出一位在 20 世纪的历史人物。"（这题也没有人答错）第三个问题，"说出一位 19 世纪的历史人物。"第四个问题，"说出一位 18 世纪的历史人物。"你就这样以一个世纪为单位向前追溯，直到这个玩家输了为止。令人诧异的是，通常很多高级知识分子很难通过 16 世纪；如果他们回答到了 12 世纪，这往往意味着这些人要么知道许多探险家的事情，要么了解不少教皇方面的知识。这种游戏说明，我们对历史真的知之甚少。我们知道所有名字，我们对这些人所取得的成就有大致印象——**但是如果我们对他们所处时代都无法正确辨别的话，又有多少可以相信的呢？** 如果他们生活中最基本、最可证实的细节似乎都难以捉摸的话，我们对他们所作所为的抽象梗概怎么能够内化？

很难想象出有比拿破仑肖像更多的人。我们想必知道他长什么样。但是，大量关于拿破仑的第一手资料都无法在其身高方面达成一致，更别提他的真实面貌了。"我看到过的肖像都不像他。"诗人丹尼斯·达维多夫（Denis Davydov）1807 年见到拿破仑时强调。在此，我们只追溯至 200 年前。当前我们对公元前 218 年汉尼拔（Hannibal）骑着战象横跨阿尔卑斯山脉准确理解的现实可能性有多少呢？有两篇主要文本可以对这则故事稍加阐述，这两篇文章写于该事件发生的数十年后，文章作者 [1] 并没有亲身经历此次事件，其写作动机也无法理解。这里并不存在阴谋，这仅仅是历史如何产生的。我

---

[1] 其中一位名叫波利比·奥斯（Polybius of Megalopolis）的史学家为了弄清汉尼拔如何做到这一点而亲自重走了汉尼拔的所走道路。但是试想一下在那个资源极其有限的年代，这真是困难之举。这可能会降低故事的精确度。最近，一个微生物学家国际小组在阿尔卑斯的一个山口的土壤中发现属于梭菌层的细菌。该山口名为特拉维赛特垭口，是汉尼拔横跨阿尔卑斯山脉曾经过的地方。马粪便中含有此种梭菌。从发现的数量来看，曾有一大拨哺乳动物穿过这一个相对较小的区域。这是证明汉尼拔传奇曾在这一特定时刻经过此特定区域发生的最佳证据。但是，要想知道 2,200 年前真正发生些什么仍旧是漫漫长路。

们知道事情确实存在，我也知道第二次布匿战争的结果如何。对于这一点，我们知道（的确真正知道）的内容要远远超过难以置信的乐观信念。但是，这是一个我们所知道的以大象为依据的汉尼拔故事，任何与之相悖的故事会以同样的现代猜想和古代文本为基础而建立。就世界而言，它确实发生过。即使没有发生，它也发生过。

这个世界不在那里。

But
What If
We're Wrong
?

别告诉我发生了什么，我正记录着呢。

电视是一种艺术形式，其与技术的关系取代了其他与此相关的一切事物。它是媒体的一个领域，媒介成为没有受到严格条件限制的信息。电视和其他形式的消费娱乐并不是一回事：前者即使在无声状态时也更不稳定，更有活力。我们知道人们会一直阅读，因此我们可以对书的演化过程进行思考，从而预测一下未来的阅读史。（阅读是一种静态体验）我们清楚音乐会一直存在，因此我们可以把摇滚乐与其他音乐形式联系起来从而预测一下未来摇滚乐历史。今天听歌的那种内在的生理感觉与1901年时人们的感觉几乎完全一致。（对歌曲的回味也是一种静态体验）虽然电影设备不断升级，但是我们在公共场合如何观影——以及电影院所共有的作用，尤其是与约会相关——自20世纪50年代以来竟丝毫未变。（和陌生人一起坐在昏暗的剧场里也是一种静态体验）但电视并非如此。

无论从整体还是个体而言，2016年人们看电视的体验与1996年时人们的体验完全没有丝毫联系。当前电视结构将会存在250年或只会存在25年，对此我深表怀疑。人们仍然想要可视化的叙事表演，将来当然会有某种事物可以满足此种需求（正如现在电视一样）。但是无论这种事物以何种样式呈现，绝对和今天的电视截然不同。它很可能是虚拟化的，给人身临其境之感，如同《星际迷航》（*Star Trekian*）中的全息甲板。但是绝对不是一小拨人坐在客厅里连续盯着一个 31 英寸的二维长方形长达半小时，观看一家有线电视公司包装好的线性内容。

某种事物会取代电视，正如电视取代收音机一样：通过添加的过程。电视保留了收音机的声音并加入视觉影像。第二阶段革新将会加入第三种成分，这种新成分会淘汰以前的更迭。我并不知道第三种成分是什么。但是，无论其为何物，都会使得电视文化在时间轴上"停滞"。在人们的记忆中，电视将成为一种独立媒介，并非某个更大统一体的一部分 [1]——虽然是 20 世纪后期的主导力量，但受到其首要地位局限。这将使得未来对其艺术价值的追溯性解释变得尤为复杂。

我的意思是：**当某些事物融入一个条理分明的连续体时，人们往**

---

[1] 有一种倾向认为电视是统一体的一部分，它代表技术层级的第二步骤。该技术层级以收音机为开端，一直延续至某种超越网络电视的模式。当然，还存在机械系列（佩利媒体中心最初以电视广播博物馆著称）。但是，据传这永远都不会发生。我们不会把电视内容与其替代物所播放的内容联系到一起。从美学角度而言，这两种体验没有可比性，正如同电视与收音机一样没有可比性。即使许多演员曾经在广播电台和电视台工作过，而且最初的三种网络也是始于地方广播电台，但随着时间的推移，社会不再单纯地将收音机时代所播放的内容与电视时代所播出的内容相联系。从消费者角度而言，即使在相同环境下进行交流，他们只是感觉有所不同。例如，情景喜剧就是为广播电台而发明的。美国最富有的人拥有电视之前，情景喜剧就早已在收音机中播出，其中包括一些先在收音机中播出后转战到电视屏幕的情景喜剧。但是，看情景喜剧与听情景喜剧是两种截然不同的体验。发生了很大改变以至于第二种定义变成了通用定义。到 1980 年时，用"情景喜剧"形容电视节目之外的事物时需要稍加解释。情景喜剧源自广播电台的事实已无关紧要，我们从未把《费伯·麦克基以及莫莉》（*Fibber McGee and Molly*）与《欢乐喜剧》和《陆军野战医院》（*M*A*S*H*）进行比较。虽然它们之间有机械上的关联，但没有实实在在的联系。它们似乎只和恰巧生活在转型期的特定时代的群体有交集。

往会记得两方面内容：一是如何对影响其创造的实体进行重新解释；二是如何为接踵而至的事物产生影响。以噪声爵士乐（skiffle music）为例——给该音乐体裁下定义的是 20 世纪早期加入其中的爵士乐（有节奏的原始主义）和那些后期受其激发的个人 [英国入侵（British Invasion）[1] 的摇滚艺术家，其中以甲壳虫乐队最为著名]。我们跳出噪声爵士乐本身来思考该音乐，将其视为多维拼图的一部分。电视则不会这样。似乎更可能的是，对电视根深蒂固的记忆如同复活节岛上的巨型人像一般：极具创造性的独石柱。不会有关于电视重要性的任何辩论，因为这点毋庸置疑（要说有什么不同的话，也就是史学家可能会大肆渲染其重要性）。细节之处会更加模棱两可。需要对这些疑惑进行思想实验。其文化印记类似于阿波罗空间计划，受时代思潮驱动的上层建筑，其重要性（忽然）超乎周围一切事物，而后又（瞬间）无足轻重。还有哪些特定电视节目将在媒体被取代的数百年后仍旧举足轻重呢？即便这些电视内容的技术来源已经不复存在，还有何种电视内容将在后辈中引起共鸣？

让我假设考古学家有了离奇发现：古埃及人有电视。现在，别为

---

[1] 英国入侵是指 20 世纪 60 年代中期，几次英国摇滚乐队纷纷登陆美国的狂潮，并且彻底改变流行乐和摇滚乐的历史的事件。

它的运行原理而费神劳心。[1] 仅仅假设它（以某种方式）发生了，埃及人与电视间的联系和我们现在惊人地相似。此外，这种荒诞的考古发现竟然完好无损——我们忽然可以看到埃及人在公元前 3500 年至公元前 3300 年观看的所有电视节目。（从某种程度而言）资料中的每个画面都很有意思。然而，一些画面会比其他画面更加妙趣横生。从社会学优势角度而言，最引人注目的镜头是某国语国家新闻，其次则是地方新闻和商业广告。但是，最无人问津的莫过于被埃及人归类为"有声望的"电视节目。

古埃及的《绝命毒师》(*Breaking Bad*)、古埃及的《纸牌屋》(*House of Cards*)、古埃及上演的《美国谍梦》(*The Americans*)[我认为应该称之《埃及谍梦》(*The Egyptians*)，包括来自夸特那(Qatna)混杂在一起的间谍]——这些都是细枝末节。为什么？因为这种使得一些精致的电视节目优于其同行的审美力并不会随着时间的推移而转化。回顾过去，没有人会关心演技如何，情节有何差别。没有人会真正在意音乐、灯光和氛围。这些艺术品质过于主观，只不过在当前要紧些。我们真正想从古埃及电视中获得的信息无非是可以直接看到过去，正如我们看古埃及象形文字一样，没必要注重色彩版面，无须专注于精准尺度。我们想看看他们的世界呈何种面貌，人们如何生活。我们想了解特定时间存在于特定地点的那种体验，所获得的资料出处并非有意识地向我们阐释某些特定特征（因为正常情况下

---

[1] 显而易见，这需要从思想上规避某些关键细节——古埃及人没有电，他们并没发明摄像机，桑德·莱姆斯（Shonda Rhimes）还要至少再过 5,200 年才出生。但是别担心这些技术问题。只要假定电视依靠太阳能运行，与河水凝结相关，并在太阳神（古代埃及人崇拜的宇宙创造者）的统治之下。

的有意为之必然会产生偏见）。最终，我们想获得一种"辅助逼真效果"。我们需要一部反映当时社会最真实的一面、但没有丝毫意识到自己正努力这样做的电视剧。在这一假设的情景中，对古埃及最精准的描述源自不费吹灰之力恰巧实现此目标的虚拟产品。因为，一切事物都总是如此。真正的自然主义只能是无意识的产物。

因此，要把这种哲学思想应用于我们自身，应用于我们自己的电视文化版本：如果我们把一切可能的标准纳入考虑范围，那么什么是有史以来最偶然的现实电视剧呢？如果某位好奇之士在遥远的未来观看现在的电视节目的话，什么样的美国电视节目可以代表现在日常美国社会的真实面貌呢？

这是那些即使以电视为生的人都很少思考的问题。当我向《电视革命》（*The Revolution Was Televised*）的作者阿兰·塞宾沃尔提出这个问题时，他提到了 70 年代的情景喜剧 "《激进现实主义》（*The Kitchen Sink*）" [《出租车》（*Taxi*）中的肮脏美学和《笑警巴麦》（*Barney Miller*）中的停滞现象，后者是一部讲述警察从未出过办公室门的警匪剧]。《纽约客》电视评论家埃米莉·努斯鲍姆（Emily Nussbaum）列举了几部电视剧，这些电视剧并没有依附陈词滥调而是仅用对话就捕捉到了难以言表的情感，其中最著名的是 20 世纪 90 年代中期名为《我所谓的生活》（*My So-Called Life*）的电视剧。那些被当作媒介用于理解现实的电视剧却很难有人能看得下去。这不怪他们：尽管我们不应该这样思考电视。那些痴迷微不足道叙事细节的真实性的电视评论家就像饱受字迹摧残的诗学教授一样。抨击《真探》（*True Detective*）、《迷失》（*Lost*）以及《双峰》（*Twin Peaks*）

并认为这些电视剧"不切实际"的行为是对其初衷的肆意曲解。我们无须用电视来描绘现实生活，因为可以从外部探索生活。电视唯一的实时责任就是消遣娱乐。但是，这一点会随着时间推移而发生改变。我们无须对低级文化进行重新审查以期望它可以再次供我们消遣，即希望它将来对我们有教育和启发意义，而这有时将与创作者的初衷相悖。以《广告狂人》这类系列剧为例：该剧的背景设定在20世纪60年代的纽约广告界，过分强调文化典故和特定时代细节。《广告狂人》不言而喻的目的在于勾勒出那个年代的"真实"面貌。对当代《广告狂人》观众而言，这正是该剧给人留下的印象。目标实现。但是，《广告狂人》阐释了辅助逼真效果与事先策划的重构两者之间的不同之处。《广告狂人》无法向我们展示20世纪60年代的面貌。这部剧只可以显示21世纪人们是如何理解20世纪60年代的生活。从社会学角度而言，《广告狂人》讲述关于2007年的思维模式要比1976年的多，正如《荒野大镖客》（Gunsmoke）讲述关于1970年世界的内容要比1870年的多。与《安迪·格里菲斯秀》（The Andy Griffith Show）和盖里甘的岛（Gilligan's Island）相比而言，像《广告狂人》这样的媒介构建看上去更真实可信——但是从哲学角度而言，无论它多么努力，它也绝非确切无疑。它对20世纪60年代深思熟虑的描写不可能比1964年拍摄的电影《我的三个儿子》（My Three Sons）中任何一个片段要真实。因为1964年的这些事情确实存在于1964年。

3.

在什么样的电视剧是良心剧方面，我们都被误导了；呼声高的节目因制作者过于意识到其所作所为而应该受忽视等等，这些都不是我的观点所在。作为一名消费者，我想论证一下其对立面。但是，现在，我要关注一种不同类型的鉴赏。我正试图把电视看成已死的媒介进行探究，即并不当作某种现存艺术，而是作为艺术史（这一过程因从未把电视看成"艺术"的这种根深蒂固的条件式反射而趋于复杂化，即使电视是艺术的事实显而易见）。这种分析的印记使某些人抓狂，因为它忽视了品位这个概念。在此次讨论范畴内，节目质量不再重要。据推测，在未来，人们会思考这些艺术品，但并不会关心其娱乐价值。我的兴趣具有功利性。它是一种对外在形式的评定，专注于一切常人在看任何电视节目时都不会注意到的内容。尤其是……

1. 角色间的交谈方式。

2. 角色所居住的世界存在的阴谋。

3. 电视剧拍摄和呈现的方式。

4. "真实性"在剧中社会思潮中重要到何种地步。

第一个特性是虽显而易见但最难量化的。如果有人在电视节目中雇用了一位带有大西洋中部口音、夸张时髦的舞台剧演员，马上就会感到荒谬可笑；除了几个显著特例之外，电视谈话以时尚自然主义为目标。然而，声音传达只是这个等式中的一部分而已。也存在遣词造句问题：编剧历经数十年才意识到没有成年人会一进酒馆在不清楚自己要喝什么牌子的啤酒时就说一句"我要一杯啤酒"。[1][1986 年，凯尔·麦克拉克伦（Kyle MacLachlan）和劳拉·邓恩（Laura Dern）在喜剧电影《蓝丝绒》（*Blue Velvet*）中的一段对话第一次让我明显意识到这个问题]。

某时期谈话的描写和那个时期人们在现实生活中的交谈方式，两者之间的关系则更难衡量。1957 年，一位普通的美国父亲与孩子之间的谈话方式真的就像《反斗小宝贝》（*Leave It to Beaver*）中沃德·克利弗（Ward Cleaver）与沃利（Wally）的交谈一样？这似乎不可能——但是它极有可能是 1957 年郊区的父亲们脑海中的说话方式。

人物的交谈方式则是第二个特性，但是我巧妙地将"世界阴谋论"归为难于言表的内部规则一类，这些规则控制着角色如何存在。当这些规则不合逻辑时，虚构世界似乎就是假的；当这些规则合乎情理时，即使科幻片都能看着很真实。在 20 世纪 70 年代，像《三人行》（*Three's Company*）、《拉文与雪莉》（*Laverne and Shirley*）这样的情景喜剧中最常规的叙事修辞都"存在分歧"——一个角色会对另一个不同角色的推断产生误导，重重疑点推动剧情发展。让人感

---

[1] 我应该再次注意到，有一系列流行思想与这种类型的现实主义相抗衡。一些编剧感到直接使用涉及任何次要客体的明确案例便可确定该物质所处年代，并会把一些与事件无关紧要内容的重要性放大。换而言之，某个角色要了类似"喜力（Heineken）"这种特定品牌的啤酒（而不是未注明商标的"啤酒"），这会迫使观众过于注意这种啤酒，从而对这次购买交易进行深挖，进而淡化故事内容。这样做会把意义强加在作为品牌的喜力上。但要记住：如果我们从遥远的未来往回追溯到现在的话，我们并不会关心故事情节，我们只是想找到场景所处的年代。

觉这些情节并不真实的原因在于，即便解决方式显而易见也没有人会大声说出这些误解。那个年代情景喜剧中有缺陷的阴谋需要误解持续 22 分钟。但是，当一部电视剧的内部规则运行良好之时，观众相信他们所看到的内容贴近生活。当系列浪漫情感喜剧《大祸临头》（*Catastrophe*）在亚马孙首播时，一位朋友试图向我解释为何该剧对他而言如此真实。"这是我可以记住的第一部电视剧，"他说道，"男女主人公以讨喜的方式因对方的笑话哈哈大笑。"这种想法看似简单，事实上却非常新颖——在《大祸临头》之前，情景喜剧中的人物时常说一些别人都没有发现笑点的搞笑台词。几十年来，这已成难以言表的内部规则：没有人会嘲笑什么。故而，看见角色自然而然地因为某些明显有趣之事而开怀大笑，这是真实所达到的新高度。

拍摄、上演电视剧的方式（这是第三点）则是某种产业属性，该属性利用了观众对媒体的先存熟知度：当一部虚构电视剧运用类似新闻纪录片的拍摄手法时，观众会无意识地信以为真 [从单一移动视角来看，诸如《胜利之光》（*Friday Night Lights*）中的拍摄镜头总会比像《老爸老妈的浪漫史》（*How I Met Your Mother*）中用三个静止摄像机拍摄的场景更令人感到真实]。这是一种技术选择，它与第四个标准紧密相连，在一定程度上，从公众对真实性的认知度可知该剧的成功度 [直到 20 世纪 80 年代，随着《希尔街的布鲁斯》（*Hill Street Blues*）这样电视剧的播出，人们才达到这种领悟]。最后两点对 250 年后那些所有发掘这些艺术品的人而言，很可能不再那么有意义。那些没接触过电视的观众并不会被镜头视角所蒙骗，生活在另一个不同时段的人们不再能够直观感受到他们所看到的世界与原本存在的世界之间的联系。然而，这些观点仍会发挥作用。因为这四种特性互相联系、相互增强。最终，最成功地反映出这四种特性的电视剧将对未来那些观看此剧的人大有裨益。对这些（尚未出生的）文化史学家而言，电视是通往过去的入口。它是与20世纪末期进行精神沟通的方式，其中的亲密性和深奥度只有通过视觉虚构才能产生，而且无须想象猜测。它不是像读书那样要有解释性的个人体验，而是像一本活生生的书。

无须在大脑中进行构思。半古世界就在那里，在后人眼前移动说话，历经时间的洗礼纹丝不动。

所有这一切指向一个中心问题：它将是什么样的电视剧？

不考虑上下语境，也可以这样提出此问题：迄今为止，我们刻意编造过何种最逼真的虚假之事？

我（有点，但并非真正）尴尬地承认这个问题自己已经思考了一辈子，多年前我还没有物质支持时就开始进行思考了。从我记事以来，每当我看任何一部按照剧本拍摄的电视剧时，我的部分意识便开始质疑它与现实之间的关系。"这会发生吗？这看起来像其原本面貌吗？这是按照其真正方式来运作的吗？"细节可能已不再重要——如果我在观看《权力的游戏》（Game of Thrones），我做好准备接受龙的存在。然而，我仍然会想电视中的龙是否和我认为现实中的龙表现一致。我仍会质疑这些龙的真实性，我会下意识地分析明显不可能存在的场景是否存在合理性。我就是这样，都不用去尝试。

因此，我已做好准备回答此问题。该问题已经莫名其妙地固定在我的脑海中。

（我最好这样，因为我似乎是唯一一个这样提问的人。）第一个考虑对象——最容易被忽视的候选对象——则是真人秀。作为一种体裁，这些节目在社会和世代间的重要性被大大低估。它们是后现代图片的窗口。它们自己传递出某种品质，但无法演绎出来。即使我们根据《好莱坞女孩》（*The Hills*）、《仓库淘宝大战》（*Storage Wars*）和《与卡戴珊姐妹同行》（*Keeping Up With the Kardashians*）外表来判断——也就是说，即使我们愿意接受（或假装认为）这些都是正常人，在非自然环境下也会表现得自然——视觉表现并未试图掩饰虚假表演和冲突上的老套做作。在电视中，没有比对现实的失败尝试更虚假的事情了。人们（几乎所有人，包括参与其中的观众）会立刻认为《单身汉》（*The Bachelor*）这样的真人秀只是在理论上把这些事件在现实中如何进展预先设定好。没有任何一档电视真人秀比《MTV 我行我秀》（*MTV's The Real World*）的名字更似是而非，最终证明，该名字是该节目成功的矛盾基础。

实际上，录制这样的节目有点类似于亚文化纪实小说。21 世纪初期诞生了许多这样的系列节目：《嘻哈帝国》（*Empire*）（以小说形式讲述了"都市"音乐产业）和《明星伙伴》（*Entourage*）（以小说形式刻画了明星产业）都是最成功的尝试，其他还包括《音乐之乡》（*Nashville*）（聚焦乡村音乐）、《球手们》（*Ballers*）（美国 NFL 后人才经济）以及《硅谷》（*Silicon Valley*）（讽刺了加州海湾区的技术泡沫）。虽然这些节目都没有宣称自己在讲述真实事件，但是一直促使着观众把角色与可以想到的现实人物对号入座。《嘻哈帝国》中的明星是杰斯（Jay Z）、苏吉·尼特（Suge Knight）和贝里·戈迪

（Berry Gordy）三者非严格意义上的结合体。《明星伙伴》中的主角原型想必是其制片人马克·沃尔伯格（Mark Wahlberg），沃尔伯格有过莱昂纳多·迪卡普里奥（Leonardo DiCaprio）的职业经历。《硅谷》中的一位风险资本家以亿万富翁马克·库班（Mark Cuban）和线上企业家肖恩·帕克（Sean Parker）为（至少为部分）原型创作。这些电视节目为我们提供娱乐的同时也为施乐协会的创办提供机遇——一旦这种关系在你的脑海中固化，观众就会很容易把公众人物投射到虚假故事情节中。[1] 知识的转移使得该节目比写作更具有可观性。但是，具有讽刺意味的是，这种关键过程侵蚀了现实主义层面，把每个描述性细节夸大，迫使角色摆脱大量尴尬讲解的负担，仅仅因为普通观众只有在强烈指引下才能将这些潜台词拼凑到一起。除了几个关键例外，编造的电视剧就是肥皂剧，作为幻想作品投入市场，针对大量不想深入思考自己所看内容的观众。角色需要琢磨表述"这是我应有的样子"的方式，但并不会直接说出来。假象中的一切内容绝非偶然，因此你会以自然主义对立面收尾：它是棒球打法中的假招式，专为那些不知从何开始的局外人设计。你无法通过试图变得真实而成为真实。

---

[1] 当《音乐之乡》的音乐制作人［"利亚姆·迈克奎恩利斯（Liam McGuinnis）"］被安插到故事情节中时，他好像直接以音乐家（也是纳什维尔常驻民）杰克·怀特（Jack White）为原型。现在，每当有这个角色出现的场景时，我就看到了"杰克·怀特"。这无意间令人异常欣喜，尤其是这个角色往往会做一些杰克·怀特从不会做的事情，比如和康妮·布里登（Connie Britton）［又名"雷娜·詹姆斯（Rayna James）"，她是 60% 的瑞芭·麦肯泰尔（Reba McEntire），25% 的莎拉·埃文斯（Sara Evans）以及 15% 的菲丝·希尔（Faith Hill）混合体］发生关系。

　　"啊哈，"在读完上句话你可能会对自己说，"如果你无法通过试图变得真实而成为真实的话，那么颠覆则是答案所在。蓄意捏造则是通往电视真实性的必经之路。"当然，不完全是这样——尽管确实也差不多。那些并没有试图追溯现实的电视节目会随着时间的推移更受人青睐：最佳剧集《阴阳魔界》，诸如《赫曼的大脑》（*Herman's Head*）、《寻找生命》（*Get a Life*）这类早期福克斯试验品，带有强烈变换色彩的《盖瑞·山德林秀》（*It's Garry Shandling's Show*），以及所有布偶电影（Muppets）。如果一件艺术品公开表示其90%的内容是虚假的，那么剩余的所有内容能够是合情合理的（也就是最后10%的那部分最重要）。然而，像《废柴联盟》（*Community*）、《先生秀》（*Mr. Show*）这类有自我意识、突显演员才华的电视剧与《国土安全》（*Homeland*）、《波城杏话》（*St. Elsewhere*）这类严肃题材的电视剧中蕴含的抹杀现实的特质相冲突，后两部电视剧中的意识都是预先设定好的。《废柴联盟》《先生秀》这类电视剧都利用了人们明白电视剧不是真的这种认识；而《国土安全》《波城杏话》这类电视剧则竭力让人们忘记他们所意识到的非真实性。无论哪种情况，他们都得努力。为了奏效，制作者不能只想着这部电视剧看起来真实与否，他们需要关心其他问题，以便现实仅仅是沉淀之物。在电视受欢迎前，要一直加强这种无意识的沉淀。

　　其实我是在谈论一段历时35年但未受人尊敬的时光。电视的第一个黄金期始于20世纪40年代末期直至《剧院90分》（*Playhouse 90*）的终结，在此期间，作为新生事物，电视为民粹主义娱乐提供了史无前例的创新空间。第二个黄金期始于20世纪90年代末期 [随着《黑道家族》《怪胎们》(*Freaks and Geeks*)的播放和《宋飞正传》(*Seinfeld*)的更新]而现在正开始式微;在此期间,人们几乎把电视与电影和文学等量齐观。但是,作为一直对现实处于饥饿状态的现实猎人,我一直思考着两个黄金空档期之间的黑暗时光。从20世纪70年代到80年代,人们仅仅会在无所事事时才会看电视。"预留看电视时间"的这种想法被人认为荒诞至极——如果你错过某一集电视剧,那真的就错过了。这没什么可担心的。家庭电视只是一件家用电器而已——一个带有乳房般密封装置的阴极盒子,把坐在沙发上的人都变成了电视迷。真正的电视痴迷者被视为与呆子无异,黑旗乐队(Black Flag)中的傻瓜也会这么认为。这种看法把电视变成了纯商业产品。虽然这些编写、制作电视节目的人仍旧聪明、富有创造性,但是他们却对美学和技术细节漠不关心。他们并不指望观众对所见之物信以为真,因此只是试图取悦这些观众(偶尔也会用一些社会问题"质疑"他们)。从语言学角度而言,现实领域会发生很大的飞跃。很可能,电视中的人物角色会使用类似于现实生活中仿真机器人的语言,特别是诺曼·李尔(Norman Lear)的作品。类似《杰弗逊一家》(*The Jeffersons*)、《好时光》(*Good Times*)以及《得过且过》(*One Day at Time*),这些连续上演的辛迪加电视剧都是出自诺曼·李尔之手。唯一的问题在于,这些作品仍有持续30分钟视觉假象的舞台表演。设置场景不断提醒着人们这并非生活。阿奇(Archie)和艾迪斯·本克(Edith Bunker)客厅中的家具像博物馆中的陈设,最终也变成了博物馆中的陈设。与其说乔治·杰弗逊

（George Jefferson）和安·罗马诺（Ann Romano）[1]是公民，不如说他们更像是某种象征符号。直到 20 世纪 80 年代末期，沉淀到一定程度，诞生了一部特殊的电视剧——《罗斯安家庭生活》（*Roseanne*）。这部电视剧并不完美，而且不切实际，有时甚至有些拙劣。但《罗斯安家庭生活》却恰巧是迄今为止最现实的电视剧。

　　《罗斯安家庭生活》的预设并不复杂。随着时间的推移，剧中运用了性别、压抑等顽固不化的思想形态。但是，这并非是该剧的开端。从很多方面而言，它是《考斯比一家》（*The Cosby Show*）的反面折射：如果《考斯比一家》试图向人们展现黑人家庭未必都是身处下层的贫困群体，《罗斯安家庭生活》则告诉人们白人家庭并非富裕且满足。该剧以罗斯安·巴尔（Roseanne Barr）（随后该剧也以此命名）为基础设定，巴尔是一位刚愎自用的喜剧人物，来自科罗拉多州，对身外之物毫不关心。在剧中，约翰·古德曼（John Goodman）扮演她的丈夫。按照电视剧情标准，这两位人物都大腹便便。但是剧中很少提及肥胖问题，这也使得《罗斯安家庭生活》有些不合常规。该剧是第一部自然而然地接受美国绝大多数人肥胖现实的电视剧。该剧将这一对胖子安插在一栋杂乱无章的房子里，绝大多数重要对话发生在厨房、车库或者洗衣间内。这对胖夫妻有三个长相一般的孩子，

———————

[1] 当我注意到这些角色时，我在琢磨一个出生于（比如说）1995 年的读者在把从未听过的电视节目中的明星重要性与有关背景一并考虑时一定感到困惑不已。但是，从我在大学的演讲中懂得，年轻人阅读非虚构类书籍的方式与我曾经使用的方式截然不同；一旦有弄不明白的地方，他们就会立刻用谷歌搜索文化参考。了解安·罗马诺（Ann Romano）的生活与了解亚伯拉罕·林肯（Abe Lincoln）的生活没什么两样。按照维基百科（Wikipedia）来看，他们都是历史人物。

孩子们会时常抱怨，其中两个孩子性情古怪，另一个则从来不笑。剧中一切看起来都很正常。房子看起来杂乱无章——有点像那些试图让自己相信他们房子不是很糟糕的人装修而成。

《罗斯安家庭生活》共拍了九季，在此期间，剧中对话发生很大变化。早期（受人欢迎时）与其他情景喜剧在结构上大同小异；（无人问津的）最后一季无异于一个长达24集的梦境片段，还未等一切登场就草草落幕。但是真实性的残留却贯穿头尾。剧集以尚未解决的不和争论收尾。巴尔（Barr）是位与资深演员搭戏的非科班演员，因此有时会感觉镜头处于半排练状态（并非即兴创作，而是不符合电视剧一般规则）。正常交谈似乎并没有什么条条框框：第八季中的某一集有个镜头是巴尔坐在一辆车的乘客席上，大声朗读比基尼杀戮乐队（Bikini Kill）的歌词。如果你认为这些细节无关紧要，我可以理解——当这些辅助逼真效果的相关案例跃然纸上时，这些例子往往看起来有点像小错误或不合理的选择。有时，它们就是这样——重要缺陷将虚假现实与真实现实联系起来。

那么这有何意义？我是否在争论后代在看《罗斯安家庭生活》时会意识到其中的天赋？我是否在争辩说由于我们无法鉴赏此剧，他们应该看这部电视剧？我是否在证明后代可能会看此剧而且会（几乎一致地）对我们当代现实有更为深刻的理解，即使他们在看的时候并未意识到这些？

我并不清楚。

我真的不知道。这甚至根本不属于本书的争论话题，或者它应该在它自己的书中。这种现象并非蓄意为之，也没有任何明显结果。我

对自己有关现实主义本质的总结并不是很满意。但是我深知这很重
要。我明白，在此我们低估了一些重要事情，这与电视可以让现在式
恒久留存的能力有关，而其他媒介尚且没有这种能力。**电视并非看完
便可弃之如敝屣的，即使我们想让它如此。在未来的某一天，那些电
视迷会证明这一点。**

But
What If
We're Wrong

时光荏苒
猝然离世

在 2010 年 2 月的一个寒冷的夜晚，有人邀请我出席一场在布鲁克林美术馆举办的系列读书会。我欣然接受。但是，我并没有注意邀请的具体细节，误认为该美术馆坐落于曼哈顿，这意味着距离读书会开始我迟到了 25 分钟，我本应该在开幕式上出现。当晚的"头牌"人物是作家马尔科姆·格拉德威尔（Malcolm Gladwell），在此之前，我曾见过他五六次 [其中两次我们在讨论布法罗比尔队（the Buffalo Bills）[1]]。由于晚上 7 点开始之时我仍坐在一辆正在穿过东河的出租车上，演讲者的顺序作了调整。当我最终到达目的地时，他几乎完成了自己的部分，即曾在《纽约客》报道的一篇关于美国职业橄榄球联盟一贯不擅长挑选四分卫原因的文章。读完文章之后，他回答了观众提出的一些问题，绝大多数问题都是与橄榄球相关，最后一个问题涉及未来体育发展。至少在那时候，格拉德威尔的回答显得有些荒谬。"25 年后，"他说道，"在美国没有人会打橄榄球，没有人会吃红肉。"他向观众致谢后便离开了讲台。

短暂休息后，轮到我演讲。看到一头雾水的观众，为了打破沉默，

---

[1] 格拉德威尔在多伦多上的大学，那里的人们把布法罗比尔队视为他们当地特权。

我试着拿格拉德威尔离席前所做的预言开个玩笑。"事实上，极有可能，在 25 年后，那些我曾看过他们比赛的橄榄球运动员在去世后，他们身上的肉都被我尝了个遍。"听到这话，40 个观众哈哈大笑。随后，我顺利地对比了亚拉巴马州和萨摩亚岛，逗乐了四个人。但是那个特别夜晚给我带来了重要收获：我开的玩笑荒诞至极但让人感觉比格拉德威尔的分析还要言之有理。美国最流行的比赛将在不到两代人的时间内不复存在，做出这样预言的人似乎不知道自己真正在说些什么。当然，现在每个人都像格拉德威尔这样说话。在五年时间内，这是普通知识分子对橄榄球未来走向所持有的观点。这样的预测并非怪异之举。格拉德威尔信心倍增："此项运动属于过去，与当下的比赛本身没有关系，和社会其他部分毫不相干。"我曾听到他在一个名为《第一演播室》(*Studio 1.0.*) 的地方电视节目中这样说道："（美国职业橄榄球联盟）与他们所从事的体育运动的重要地位没有任何关系……他们仍处在 19 世纪的轨道上，我们根本无法触及。"节目主持人问他是否仍旧相信橄榄球注定消亡。"我没看出来它如何不消亡。起初，橄榄球会在高中和大学失宠，随后与之相关的节目会逐渐消失。"

令人疑惑的是，这种观点是怎么迅速普及开的，尤其是并没有人反驳这个中心矛盾——橄榄球不仅是美国最受欢迎的运动项目，而且正变得越来越风靡，电视收视率则是令人信服的衡量标准。这是互联网诞生前单一文化的遗留物；在美国，橄榄球受欢迎程度比其他所有体育项目加起来的总和还要多，这种表述无人不信服。虽然超过一亿人观看最新的超级碗橄榄球赛，但是这个数据也只是对离群值的预测——令人震惊的是，每年春天都有 2,500 万人观看美国职业橄榄球

联盟选秀，数百万人花三天的时间，紧盯着一位身着灰色西装的中年男子走向指挥台向大家公布尚未签约的人员名单。橄榄球受欢迎的程度之深，以至于人们（包括我自己在内）尚未严肃考虑放弃橄榄球一事之前便开始私下谈论会有多少人在赛场上献出生命。这种谈话迫使其他人得出两个结论：

1. 橄榄球在劫难逃。

这是格拉德威尔式观点，该观点一般认为：实地冲撞导致的脑震荡数量仍在攀升，证明橄榄球的确是危险运动的医学证据也不断激增。越来越多的职业球员放弃比赛[旧金山的中后卫克里斯·博兰（Chris Borland）是第一个鲜明案例]。退役球员开始越来越频繁地出现智力缺陷征兆。一位著名的外接手在全国性电视直播时当场死亡，他的离世占据全国性话题长达三个月之久，变成了政治问题，总统都牵涉其中[正如泰迪·罗斯福（Teddy Roosevelt）在1905年做的那样，当时，一位年仅19岁的大学生球员在球场上身亡]。事实上，所有父母都阻止子女参加青少年橄榄球，学校无法负担得起运动撞击这种高额险金。这种比赛会迅速在高中销声匿迹，从而导致大学比赛崩塌。随着其供应体系的减少，美国职业橄榄球联盟会演变成一家懒散但风险高、花销大的企业。公众兴趣减退，500亿骗局随之爆发。正如32只腕龙一样，美国职业橄榄球联盟中的球队由于过于庞大而无法演化。不到一代人的时间内，此项运动便会消失。其市场份额会被足球和篮球瓜分。

2. 虽然橄榄球会留存下去，但并不是现在这种形式。

这种对橄榄球未来的看法煽动性较小，认为它会一直存在，只不过以另一番样貌呈现。它变成了一项区域运动，主要局限在一些橄榄球已经渗透至其日常文化的区域（佛罗里达、得克萨斯等）。其粉丝团与同时代的拳击粉丝团类似——富人观看穷人比赛，但前者从不亲身参与。美国职业橄榄球联盟通过纯粹的社会普遍性得以存在——该体系因其庞大而屹立不倒，对微观经济体而言至关重要。为安全起见，比赛本身会发生改变。"我是个喜欢橄榄球的乐天派，对于该问题我只给一个肯定的答案。我相信，百年之后橄榄球仍将会在美国文化中占据重要席位，"迈克尔·马克坎贝奇（Michael MacCambridge）说道，"我怀疑，橄榄球比赛将没有过去那么激烈。这与过去一个世纪以来美国观赏性运动比赛在全社会范围内发生的演变相一致。在19世纪，你只要投出钉子球便可以将正在奔向第一垒的球员杀出局。在那个年代，曾作为有组织重伤罪的徒手拳击、斗鸡和橄榄球逐渐发生改变，体现了当代人的情感。因此，在接下来一个世纪里，橄榄球仍将持续发生改变，橄榄球保护装备也是如此。"他的《美国之赛》（America's Game）是一本美国职业橄榄球联盟通史。

虽然这两个结论走入了完全不同的死胡同，但是它们共享一个中心特质：信仰理性。格拉德威尔式模型与马克坎贝奇式模型都建立在如下论点之上：体育的未来受逻辑支配。格拉德威尔相信，消费者过于理性化以至于无法继续支持这种"杀人"比赛；马克坎贝奇认为，那些推进橄榄球发展的人太过明智以至于不会允许这项比赛继续使参与者丧命。两种观点都相信大众的动机和智慧。

但我却不乐意这样做。

如果我被迫打赌最终哪个说得对，我会抛硬币来决定。但是，我发现自己一直在琢磨硬币是否有可能也是一比一的概率。我可以想到另外两种非主流可能性。一是橄榄球因其直观的暴力场面而得以延续，这种令人不安的细节最终沦为扭曲的救赎方式。二是橄榄球的确会消失——但并非因为其残酷性，而是因为一切团体运动都将销声匿迹，橄榄球只是首当其冲而已。

2.

某物何时会真正成为大众宠儿呢？我所说的"受欢迎"并非成功意义上的受欢迎。我的意思是，某种特定事物的普及度毋庸置疑而且是重中之重。我的意思是，这种受欢迎度就像 1975 年的宠物石头，1982 年的《外星人 E.T.》（ *E.T.* ），以及 20 世纪 90 年代的奥普拉·温弗瑞（ Oprah Winfrey ）。

问题的答案显而易见但又令人沮丧：当某些事情令那些未真正关心的人感兴趣时，它也就真正流行起来。你无须通过吸引影迷们注意力的方式创造类似《外星人 E.T.》这种现象，你只要通过引起每年看一次电影人的注意力即可。这正是美国职业橄榄球联盟自 20 世纪 70 年代末以来就在追求的目标。橄榄球核心观众虽人数众多，但不足够庞大——美国职业橄榄球联盟也想拉拢那些只要球员妻子从未上过《美国周刊》（ *Us Weekly* ）就完全说不出球员名字的人。

他们想让那些一季度看三场比赛的人加入他们官方梦幻联赛。他们想让非正式体育迷感到自己必须追随职业橄榄球，以免他们被视为对运动根本不感冒的人。你只有强制点燃无动力人的激情才能始终保持7亿美元的产业。然而，当前社会饱和程度正把橄榄球置于绝境边缘。还有许多比橄榄球更危险的体育运动——骑牛比赛、极限跳伞、赛车。据称，第一拨试穿跳伞服的一共75人，其中有71人在测试过程中命丧黄泉。每年，许多人在攀登珠穆朗玛峰时丧命（2014年4月，有16名夏尔巴人在同一天丧命）。但是，与橄榄球的不同之处在于要依从伦理准则，对那些没有什么情感投入的观众而言尤为如此。观看红砖园400赛事的都是些边缘化的观众（他们知道当赛车以每小时140英里的速度撞到墙上时会发生什么）。夏延拓荒者节（Cheyenne Frontier Days）也很小众（观众都知道重达2,200磅的公牛落到牛仔脖子上会发生什么）。也有一些全身心投入的狂热者，他们并没有因所痴迷之物的内在危险而惊慌或受到困惑。他们知道自己沉迷于何物。终极格斗冠军赛（UFC）的粉丝不会因为看到有人被打晕而受到惊吓。但是，橄榄球似乎吸引了一批更具有人道主义的人，即那些尚未真正思考自己所见之物的人——周日下午，这些人在家中休息时认为自己像其他人一样漫不经心地观看同样低风险的娱乐节目。因此，当这种人忽然意识到他可能正在看一场会导致参与者丧命的节目时——或者如果他的确看到有个球员在赛场上丧命，而且这似乎越来越难以避免——于是，愧疚和不适就占据了他的内心（他会困惑自己怎么可以从经济上支持一项令他毛骨悚然的比赛）。同样，橄榄球受欢迎度也为媒体的哗众取宠创造了机遇——正义感爆棚的专家谴责橄榄球正如1919年剧院的看门人斥责酒鬼和1985年受抨击的《龙与地下城》（Dungeons & Dragons）一样。随着时间的推移，在公众的不

安和媒体的谴责下，政治意义开始发酵。现在，对橄榄球的支持确实
"有所意味"。在那些以文明开化自居的人看来，这意味着灾难。10年
后，可能绝大多数美国人都会产生这种情感。

但并不代表所有美国人都这样。

它永远无法代表全部美国人，即便这已经成为主流想法和感受。
这就使它得以永恒。当任何观点在象征意义上占据主导地位时，那些
与之相左的人会人为地鼓吹该观点对立面的重要性。（第二修正的纯
粹主义者一直都这样做）这也是我能够想到橄榄球持续兴旺、始终存
在的原因所在——并非暴力因素，而是因为其本身。并非在难以言表
的隐秘语境之下——而是没有歉意的公开语境之中。

当前，橄榄球作为两个平行的发射井，均指向天空，势头猛进。
一个发射井折射出运动的整体流行程度，而且该运动每年越来越受欢
迎。另一个则坚信这项比赛从道德上应受谴责，这种情感与日俱增。
莫名其妙的，这两个发射井从未相撞。但是，让我们假设一下，最终
两者相碰，流行程度会因冲击力而崩塌。它不再向上发射，而是被撞
成一堆砖头。

这堆砖头巨大无比、不会消失。既不会有人重建此发射井，也不
会有人居住于此，更不会有人顶礼膜拜。因此，他们将会把这堆砖头
当武器。他们会向另一个发射井扔砖头。既然该项赛事对普通球迷不
再具有吸引力，某些固有问题将变为优势所在。

在被聘任为密歇根大学（University of Michigan）橄榄球队主教
练几个月后，吉姆·哈博（Jim Harbaugh）成为HBO杂志类节目《真
体育》（*Real Sports*）的封面人物。这是个非常有趣的片段，人们倾向

认为哈博是个疯子。哈博最后在采访中说道："我爱橄榄球。我爱它。我爱它。我认为橄榄球是彰显美国男性坚强气度的最后堡垒。"紧接其后的画面便是，记者安德里亚·克雷默（Andrea Kremer）和《真体育》主持人莱恩特·冈贝尔（Bryant Gumbel）坐在位置上向大家解读刚才所看到的故事。冈贝尔表示自己被哈博最后的情感表述所震惊。对任何一个在媒体工作的人而言（甚至对任何一个关心媒体的人而言），哈博的观点带有严重性别歧视和极端反动色彩，以至于拉什·林堡（Rush Limbaugh）都在自己的广播节目中感到有必要支持其观点。

这便是在电视上表达任何一种令人不安的民粹主义思想所产生的后果。

在所有着急橄榄球劫数难逃本质的争论中，有一种嵌入式假设。该假设认为，这项比赛比其表面所呈现的更为暴力，更具有危险性，正如越来越多的人意识到的那样（对证明危险存在的医学证据予以承认），橄榄球球迷将不再支持这项比赛。坚持此观点的人所犯错误必然不证自明。但并非如此。支持者使我想到一句话，即"尼克松怎么能获胜？我所认识的人中没有人投他的票"。据传此话出自1972年总统竞选后影评家宝琳·凯尔（Pauline Kael）之口。实际上，凯尔从未说过这样的话。[1] 然而，这个错误的引用却被视为说明为什么聪明人容易像不聪明人一样犯错的最佳例证——他们基于一种缺陷前提，即认为自己具有标准的世界观。当代人对橄榄球存在危险性的立场是

---

[1] 实际上，她这样说："我活在一个特殊的世界里。我只知道有一人投了尼克松一票。我并不知道其余这些票源自何处。这些投票者都处在我的视野之外。但是，有时候，当我在剧院时，可以感受到他们的存在。"

片面的，因为没有人到处说："现代生活不足够暴力。"但是，这种观点却默默地存在着。相反，那些持有此观点的人会表示："我热爱橄榄球。它是美国坚强有力希望的最后堡垒。"在未来，上述两种说法在语义上并无差异，这点不难想象。如果那样的话，橄榄球将从大众休闲娱乐演变为小众政治需要。

在探讨橄榄球未来发展趋势时，本能反应是试图让其当前处境与我们能够想象的将来发展场景相一致。当前，橄榄球是个悬而未决的大问题，但是这个大问题似乎不会一直存在。如果你的核心支持者比那些试图破坏此问题的人更深入关注的话，那么你也没必要一直如此。橄榄球可能会失去 75% 的观众，其地位却和现在等同，假设那些橄榄球支持者将其视为来自他们深表怀疑的世界的避难所。随着时间的推移，在一个与体育毫无关系的背景中，热爱橄榄球的确有所意味。它可能指代某种用其他方式难以言表的观点——该观点认为把物质性从公共领域移除并不意味着就把它从现实中移去，而且这样做会削弱共和体制。对那些普通体育迷而言，橄榄球是一拼到底的比赛，其文化影响并未式微。它可能是某些特定群体安全触及某种受控暴力的唯一方式，他们把这种受控暴力视为生命中的重要部分。

"但是，看看拳击发生了什么。"人们将会这样说道（我就是其中之一），"在 19 世纪 20 年代，拳击是美国规模最大的运动，现在却被社会边缘化。拳击太残忍了。"然而，当弗洛伊德·梅威瑟（Floyd Mayweather）在 2015 年 5 月与曼尼·帕奎奥（Manny Pacquiao）对战之时，这场赛事收入高达 4 亿美元，而观众大多都在抱怨打斗不够残忍。由于受众范围缩小，拳击——在其扭曲的现实版本中——不断繁荣。看起来似乎并非如此，因为普通人根本不关心拳击。但是，拳击并不需要这些普通人。它不再是真正的体育项目。它是一种有悖常理、充满阳刚的新奇事物，这就足够保持其重要性。必须注意的是，拳击所带来的伤害大多是自己一手造成的。其内部腐败要比崇尚暴力更加危险，追随者中大多数人我行我素。相反，橄榄球则在经历另一种截然不同的危机——从某种意义上而言，橄榄球比赛正被"粉丝"和绝大多数起初就不喜欢体育的傲慢陌生人所侵蚀。在人们的眼中，它仍将破坏文化。这使得橄榄球与联邦旗帜、在公共场合悬挂圣诞装饰品以及由纳税人资助的在尿壶上画耶稣像的艺术相类似——某些问题因为很多人想让其消失殆尽而变得棘手起来。比赛中所含有的暴力却可以拯救它，而且它不再会逝去。

3.

但是，有时候，我另有所思。

4.

2015 年的第一周，我在一家松饼屋采访了洛杉矶湖人队后卫科比·布莱恩特（Kobe Bryant）。虽然对话简短，但是我们谈及的范围很广——他并没有亲密的朋友，2003年被指控强奸罪，他的自省能力类似于莫扎特。在我采访过的运动员中，这是最好的一场采访经历。我们曾一度谈到了电影，我问科比看没看过《爆裂鼓手》（*Whiplash*）这部影片。"当然看过，"他答道，"那就是我。"他说完这句话之后，我们谈话的内容就发生了变化，故而也就没法提出下面这个问题。我没能问他是否认为自己就是电影中的主角、大反派，还是整部电影中人类的化身。以上三种可能性看起来都言之有理。

《爆裂鼓手》是一部关于学院爵士乐的故事，但它实际上是一部体育电影，讲述了一个神童鼓手——迈尔斯·特勒（Miles Teller）——尽其所能成为伟大之人，即使他从未思考过何为"伟大"这个问题。他的爵士乐老师 J. K. 西蒙斯（J. K. Simmons）是一个德高望重的人，但具有反社会人格，不断体罚、责骂他，无情地蹂躏他的情感。西蒙斯这个角色相信残酷是通向天才的唯一正确之路。"在英语中没有比'干得好'这三个字更伤人的了。"他冷酷无情地说道。令这部电影与众不同之处是其出人意料的结尾：虐待奏效了。正是西蒙斯对特勒不道德、难以令人接受的虐待促使特勒破茧成蝶。特勒本质上是被强行灌输成伟大之人的。

人们对《爆裂鼓手》的反响非常热烈。这是一部好电影——虽然有些不现实的剧情扭转成分，但是演员演技爆棚（西蒙斯这一角色获得奥斯卡金像奖）而且情感共鸣不容否认。该影片好评如潮、收入可观。但是，人们对于《爆裂鼓手》的看法更加政治化、复杂化，这必然说明此部影片的某些内容有伤风化，而这些内容出现在更深层次、与电影无关的语境中。评论家都承认《爆裂鼓手》趣味十足，但是在某些地方出了差错：它曲解了爵士乐，误解了比赛，默默支持父权制，美化受虐狂。但是，我怀疑所有这些评论都在含沙射影地表示对该影片基本主题的不满，该主题所蕴含的观点早已被大众文化抛弃。只有《纽约客》的理查德·布罗迪（Richard Brody）几乎直白地表示："说句公道话，"他写道，"（西蒙斯）告诉（特勒）向一个年轻艺术家说得最糟糕的一句话就是'干得好'，因为自我满足和自鸣得意是艺术进步的天敌……这简直就是胡说八道。'干得好'这句话并没有错，因为真正艺术家是不会因此而被蒙蔽、陷入扬扬得意境地。真正的艺术家对自己要求苛刻，对未知充满好奇，不断鞭策自己前进。"

在社会上，这完全是我们固定的思维模式。认为伟大诞生于痛苦、逆境、恐惧之中的思想不仅不受欢迎——运用到年轻人身上时，无异于犯罪。现代目标在于把这些内容从年轻人的业余追求中剔除出去。现在，其背后潜藏的逻辑很难受到抨击：如果一个兴趣爱好让孩子闷闷不乐，那它还有何价值可言呢？我认为答案是，孩子将来也会长大成人（涉及逆境、恐惧的场景并非可选项）。但是我对它是消极还是积极的争论毫无兴趣。我只是在琢磨整个社会状态——逐渐地、几乎难以察觉地——向某种集体形势发展，在此种形势下，团体运动无立足之地。换而言之，在遥远的未来，橄榄球销声匿迹，紧随其后的便是其他价值相似的运动。从不同程度而言，所有现存团体运动均会如此。

在第四十九届超级碗橄榄球赛开赛前几日，公共广播节目《广播实验室》(*Radiolab*)出了一集与橄榄球相关的节目，[1]主要讲述了其起源和令人不安的吸引力（这一集节目本来是针对那些不喜欢橄榄球的人，这也是节目对听众的设定）。在节目进行到一半的时候，制片人试图用数据证明年轻人参加橄榄球的数量是否像我们所猜想的那样锐减。确实如此。但是，具体数据带有欺骗性：结果是年轻人参加所有运动的数量都在下降——橄榄球、篮球、棒球，甚至（被冠之以体育未来的）足球。与此同时，《华尔街日报》(*Wall Street Journal*) 用类似数据刊登了一篇相似报道：年龄在 6 至 18 岁的青少年（男孩和女孩一样）参加团体运动的比率下降了 4%。令人诧异的是，篮球下降比率高于橄榄球。

作为研究的一部分，《广播实验室》的员工与一些具有代表性的青少年橄榄球教练取得联系，向他们询问这种现象发生的原因。对于他们的回答，制片人有些鄙夷，所有答案竟出奇地一致：电子游戏。"本质内容为今天如果有个孩子不喜欢橄榄球，那么他只需要点击重启即可。他可以从头再来。"这是路易斯安那州的一位青少年教练所说的话，但是几乎与《广播实验室》采访的所有教练的话如出一辙。从表面而言，这看起来像反机械化、自动化者抱怨的守旧之词。但是，保守派有时却是正确的。完全有可能，电子游戏的性质在于向年轻人逐步灌输成功期望，这使得体力运动不再有吸引力。也有可能，电子游戏更具有包容性，赋予孩子更多掌控力，这对那些缺乏体育天赋的孩子来说则更加容易。所有这一切均指向一个无可争辩的结论：和那些传统竞技相比，电子游戏文化更接近我们（可能）想居住的（所谓）文明世界。

---

[1] 我应该说明的是，我参与了这一集的拍摄过程，但我的参与可以忽略不计。

身体差异比智力差异更重要吗？胁迫另一个人的能力应该受到嘉奖吗？人们是否可以接受这种为了塑造某人的表现而向他大吼大叫的行为呢？在任何情况下，应该优先考虑阳刚之气吗？上述问题遭到越来越多人的否定。但是，竞技体育在某些方面已经根深蒂固，这可以追溯到斯巴达时期。大学橄榄球成立于19世纪末期的重要原因是那些参加过南北战争的退伍老兵担心下一代人手无缚鸡之力，无法为共和政体的建设做好准备（"我们要让男孩有事可做，"这些老兵认为，"该死，他们很可能一辈子都不会杀人！"）我们给体育赋予意义，因为它应该有所意味。因此，当它所指代的事物不再是值得需要的特质之时会发生什么呢？这意味着运动的唯一价值在于娱乐。这也使得它与时尚无异，拥有所有时尚固有的寿命。

2014年，美国大学体育协会（NCAA）针对主要大学橄榄球实施复赛体系。但是，他们并未终止传统超级碗体系——如果你把两场半决赛和锦标赛囊括在内，从12月到来年1月仍要进行大约48场超级碗赛。在该结构下兴起了一股迷人之风：只有那些对赛事兴趣十足的人才会看电视比赛。鲍灵·格林（Bowling Green）对抗南亚拉巴马（South Alabama）争夺山茶花碗（Camellia Bowl）。此场比赛在亚拉巴马州打响，距离南亚拉巴马大学不到6小时的车程。不知何故，这场比赛只吸引了2.0256万名球迷。但电视观众却相对庞大——大约有120万人次观看。在爱达荷举办的著名土豆碗（Famous Potato Bowl），这种差距更大——到场观众不到1.8万名，但观看人数则近150万。这迫使《今日美国》（USA Today）开始测试将来在没有观众的大型电视演播室举行碗比赛的可能性。这听起来可能有些疯狂，但这样做也不是没有实际意义。不用担心在线观众量，整个事件完全为最大限度地扩大观看体验而设置。摄像机担负重任，带来史无前例的视觉效果。这种猜测异想天开，证明现如今人们对体育的看法发生着巨大变化。橄榄球被重新设计成一种模拟，与电影相差不远。比赛唯一的目的在于填充体育娱乐节目电视网（ESPN）第二频道三小时的节目——如果更好、更便宜的直播方式是在所在地进行直播——这样的话，比赛则没有任何目标可言。的确如此，球员仍是活生生的。是的，碰撞仍会令人疼痛。但是，如果它仅仅分散了人们紧盯银幕的注意力，那么为何人的因素还是至关重要的呢？机器球员也可以一样发挥作用。电脑三维动画效果甚至更好。它其实就是由电脑操作控制的电子游戏。那么，我们所遇到的任何问题都会迎刃而解。它只会沦为为赌博制造机会的电视节目而已。

很显然，这不可能在一夜之间发生，会历经数十年和几代人，前提是我们当前经济走势不发生变化（这种变化几乎不会发生，对此，我已经隐隐约约提到无数次）。长期以来一直有人认为，身体对抗的比赛是某个种族基本竞争的自然表现，团体运动仅仅是让两个 25 岁的人在操场上比赛跑步，为了看谁跑得快的成人版本。这些观点也都遭到否定。当我向一个在体育娱乐节目电视网工作的朋友提及这种理论时，他思考许久才说道："我想，一个没有体育的世界超出了我的想象。那将是一个截然不同的世界。"当然，他说得没错。那确实是一个完全不同的世界。但是，不同世界无时无刻不在诞生，我们现在正在构建的世界并未与团体运动所面临的更为惨淡的现实交织在一起。我们想要一个没有痛苦、人人一样的世界，即使它们并不相同。如果我们一直采取积分制，那么我们的想法就会落空。

But
What If
We're Wrong

关于自由

我的存在被分割成两个既不均匀也不均衡的部分。我的第一部分是我在北达科他州时候的生活，在那里，我还是个有趣的正常人。这段时光持续了 26 年。在我搬到纽约时，我的无趣的非正常部分就开始凸显出来。这段时光持续了 13 年。并且，我几乎不记得这中间我在俄亥俄州亚克朗市居住的那 4 年内发生了什么，尽管那是我在政治上最具有启迪意义的阶段。

这 4 年平淡如水，或者至少与我直接相关的事情微乎其微。虽然我先写了本书，也已经签了合同，但我并不相信这本书能够出版。我告诉人们自己热爱报社的工作，我真的没有说谎。但是，如果的确如此的话，为什么我会讨厌上班呢？我想这就是工作之所以被称为工作的原因。喝酒占据了我的闲暇时光，有时我和其他人一起喝，更多时候我独自饮酒。那时，我还是个单身汉，毫无前景可言，但我毫不因此感到孤独。有至少三个晚上，我坐在阳台上看一只刺猬吃苹果，这种经历要比去约会或者和其他孤独陌生人抱怨约会怎么这么难要更令人满足。平淡无奇的生活让我有大把时间思考生命与政治，就像这两者确实存在某种实实在在的联系一样。

俄亥俄州是一个思考美国民主制度的绝佳之地，因为不断会有人提醒你生活在美国。俄亥俄州是一个只有 4.3 万平方英里的缩小版美国。克利夫兰自视为睿智的东方（那里的居民与波士顿抗衡，把伊利湖沿岸划到北部海岸）。辛辛那提属于真正的南方（他们舞动着联邦旗帜，吃着奇怪的食物）。代顿则位于中西部区域。在匹茨堡引人入胜之前，托莱多相当于匹茨堡。哥伦布比丹佛的海拔要低，但没有与"新世界秩序"有瓜葛的机场。在俄亥俄州你可以体验美国可能存在的所有天气，有时甚至是同时体验不同的天气。俄亥俄州的人口大约有 13.7% 为黑人；该比例正好是美国黑人总比例 13.2% 的真实写照。在俄亥俄州诞生过 8 位总统，其中 3 位非常倒霉——一位总统在雨中丧命；一位被无政府主义者刺杀身亡；第三位则（极有可能）被妻子毒死。但是，比诞生政治家更重要的是俄亥俄州的宣言：俄亥俄州比其他任何州都有能力决定谁可以睡在白宫。其社会结构的差异使其成为唯一重要的人口中心，总是令人感觉其孤芳自赏。自经济大萧条以来，在历届总统竞选中，赢得俄亥俄州选票却在总统大选中失败的人只有一个（1960 年，尼克松对抗肯尼迪，因为辛纳特拉不认识扬斯敦人而重创肯尼迪）。此次选举众所周知，一直被人津津乐道，因此他来自俄亥俄州却未当选实属疯狂。媒体对此事也一直津津乐道。（理论上）每个人的投票都价值连城，但实际上，（在统计上讲）个人的投票可以忽略不计。有时，你甚至会感觉自己在参与选举，但其实这只是一场再寻常不过的带有攻击性的竞选宣传而已。

2000 年，我搬到了阿克伦。确切地说，是 16 年前。但这 16 年很可能是 160 年，证明如下：我不再在阳台上看刺猬，而是观看音乐电视，偶尔播放音乐。这时我看到的最恰到好处的音乐电视是由暴力反抗机器乐队（Rage Against the Machine）演奏的、由迈克尔·摩尔（Michael Moore）执导的《见证》（*Testify*）。这时，我已经 28 岁了，所以我认为成熟稳重的自己无法认真对待该乐队（这感觉像是一个人 19 岁时做的事情），这种酷酷的感觉让我不能像喜欢寻常音乐那样喜欢他们的音乐（这听起来就像一个人 27 岁时会做的事情）。但 28 岁的我还是傻傻地相信了迈克尔·摩尔，并且喜欢上了这个音乐电视。如果乔治·W. 布什（George W. Bush）和阿尔·戈尔（Al Gore）是同一个人，由相同的幕后主人操控，为相同利益卖命。我们看到一段关于布什支持死刑的视频，紧接着戈尔又说了同样的话。布什大肆赞扬某些领域所带来的好处时，戈尔也这样夸夸其谈。人们看到布什在气球堆里跳舞，而戈尔则被拍到在跳康茄舞，随后暴力反抗机器乐队在木质录音棚中大谈经济（现在回想起来，刚劲有力、全情投入的这首歌出自一张很可能被我低估了的专辑）。当我们简要回顾一下这些新闻制造者时——桑尼·波诺（Sonny Bono）、肯·斯塔尔（Ken Starr）、教皇、比尔·克林顿（Bill Clinton）——会根深蒂固地认为他们总是在花费大量钱财做无用功，就本质而言，所有政客和政党都"一般黑"。但拉尔夫·纳德（Ralph Nader）转变了大家这种观念。

我欣赏该音乐电视的部分原因在于我对它所阐释的内容深表赞同。另一方面原因在于，它的内容看起来是如此真实以至我无法相信一个组合可以在政治上像暴力反抗机器乐队这样不切实际地进行创作[我推断"汤姆·莫瑞洛（Tom Morello）最终会投入实用主义的怀抱"]。11 月 7 日，为了观看选举结果我一直熬到了凌晨 3 点，结果和我所猜想的没什么两样。布什以 16.5 万票的优势赢得了俄亥俄州的选择。戈尔失去了他的家乡田纳西州的支持，在新罕布什尔州也处于失利状态，纳德获得了 4% 的自由投票。佛罗里达州在凌晨 2 点 17 分加入布什阵营，为布什赢得胜利，而国家的大部分人认为这是不合法的。我观看了整场选举，就像观看挪威和芬兰之间进行的一场精彩的曲棍球比赛一样。我喜欢这次竞选完全出于情感和理智之间的疏离，而非政治因素。最终的结果并没有困扰我，因为就像迈克尔·摩尔和扎克·德·拉罗查（Zack de la Rocha）一样，我天真地认为这些人所处位置是可以互相轮替的。大多数美国人都这样认为，事实证明，当最高法院支持布什胜利时，除了那些富有表现力的空谈者，似乎没有人感到特别愤怒，这些空谈者对一切都表现出反射性的愤怒。我不记得有人砸窗户、烧银行。

显然，现在没有人这么想了。事实上，他们甚至不认为当时他们有过这种想法：广大民众在回顾 2000 年总统大选时，坚信自己的反应远比所有证据显示的要极端得多。布什在 1 月份的就职显得非常草率。同年 9 月，世界发生了翻天覆地的变化。美国达到了自美国重建以来从未达到过的政治两极分化，现在看来，这是思考社会的一种正常方式。我承认，这并不是什么深刻启示：世界在发展，我们的观点也在随之演变。美国的两个城市经历了一场创伤性的事件，而这一事件牵连出一系列不相关的小事件。但仅仅因为某事可以被解释并不意味着它很简单。16 年前，我们有理由相信，民主党领导层与共和党领导层之间没有实质性的差别。这最终被证明是错误的。但是这种错误是逐渐显现还是在 1999 年就已经发生了呢？如果这种党派间的矛盾最终愈加突出——而且几乎是大势所趋——那么，目前阶段的两极分化状态是否已经显示了其不正常的状态？现在，我们真的错了吗？

让我们再回到那个刺猬话题：我在亚克朗市的公寓[1]正对着大厦的背面。院子里有一棵苹果树，一只（圆鼓鼓的）刺猬坐在树枝下面，紧紧盯着低处的果实。它似乎在折磨自己，因为圆鼓鼓的刺猬不可能够到离它头顶两英尺的苹果。然而，每次它这么做的时候，它都知道自己的所作所为。每次，或者至少每次，我碰巧在看的时候，总会有一个苹果掉到地上，它会摇摇晃晃地走过去吃掉苹果。这真是只聪明的刺猬。我一直在想这件事。当我去约会的时候——或许这也是我单身的原因所在——我总是谈论这只刺猬，不可避免地提出一些政治上的陈词滥调。就像谚语所说的那样，聪明的狐狸知道很多事情，但这只老刺猬知道一件大事。"我终于明白那是什么意思了，"我告诉我对面那位一脸茫然的女士，"老刺猬知道苹果受引力影响。"我必须承认，这个玩笑毫无情调可言（尽管大多数女士的确都笑了，其中一位还说道："你确实对刺猬很了解。"我几乎将其视为事实婚姻）。然而，它确实让我们对该短语应有之义进行了随意探讨。狐狸与刺猬的对决出自古希腊，但通过英国散文作家以赛亚·伯林（Isaiah Berlin）才普及开（2000 年时，我还不清楚这些细节内容）。直白来讲，这句格言的意思是，一些人的涉猎广而不精，另一些人却精而不广。就字面意义而言，前者似乎比后者更好——由于转折词的出现，我们知道这样理解是错的。狐狸知道很多，但刺猬只知道一件更为重要的事

---

[1] 韦斯旺巷（Weathervane Lane）1332 号，以防万一有人在写我的未经授权的传记，并使用本书作为原始素材。

情。那么，这唯一一件事情是什么呢？当然，或许这件事情如下：狐狸知道一切真相，狐狸可以把这些真相放入一个合乎逻辑的语境中。狐狸清楚历史和政治是如何交织在一起的，可以将它们编织成一部具有叙事意义的非虚构小说。但是狐狸看不到未来，所以它假设未来并不存在。狐狸是一个天真的现实主义者，认为自己所创作的复杂小说几近完美。与此同时，刺猬什么也不做。它只是站在狐狸的肩膀上。但是，它知道手稿中含有一些狐狸完全不清楚的内容——这本书永远无法完成。狐狸认为自己已经到了终点，但它甚至连一半都没有到。狐狸所认为的结论只是情节结构而已，这意味着这些内容最终将与其阐释的意义截然相反。

这就是狐狸和刺猬的区别。这两种生物都知道讲故事是一切，而现代人理解历史和政治的唯一途径就是通过故事这样的阴谋。但是只有刺猬才知道只讲故事本身就是问题所在，这也是为什么狐狸总是出错。

2.

"历史是本狂人自传。" 19 世纪的俄国人亚历山大·赫尔岑（Alexander Herzen）写道，他曾诠释了社会主义和农民民粹主义（agrarian populism）。当然，我并非是在阅读此内容时发现了这句话。我是在一件广告衫上看到这句话的。这件衬衫是在宣传"核心

历史（Hardcore History）"，出自一名住在俄勒冈州名叫丹·卡林
（Dan Carlin）的男子的播客。与大多数播客不同的是，"核心历史"
既不是一场对话，也不是一次采访，更不是一场喜剧辩论，它只是一
个人坐在演播室讲述历史。卡林讲了很久——他在讲述第一次世界大
战时花了 4 个多小时。他并不认为自己是历史学家，因为他没有取得
博士学位。"历史学家和非历史学家大有差别，"他说，"我不希望历
史学家认为我是历史学家，如果你明白我这句话的意思的话。"他的
母亲名为林恩·卡林（Lynn Carlin），是位退休的女演员，比他更有
名 [1]。由于知识渊博、见解独特，他的播客令人着迷。如果我写这本书
的目的在于把现在当成遥远过去进行思考的话，那么卡林的播客则是
把遥远过去视为当前进行思考。当他谈到那些断裂的历史的时候——
"红色恐慌"、匈奴王阿提拉时代、泰迪·罗斯福执政时期——他拒绝
把这些事件看作现代永远不可能存在的、疯狂的、反常的冲动。相
反，他把自己置身于从未见过的亡故已久的人的生活中，试图想象在
那个时代、那个地方，世界是如何展示在人们的眼前的。他承认，这
与现代严肃的历史背道而驰。

　　"如果 50 年前有人在哈佛大学学历史，那时会结合宗教、法律、
语言、艺术这类人文科学一块学习。"卡林说道，"但如果你现在学历
史，则更有可能与像考古学、人类学等诸如此类的软科学一起学。这
一变化的好处在于，历史学家比以往更加勤奋、更加谨慎、更加量
化，他们可能会谈论类似'放射性碳年代测定法'这样的话题。这样

---

[1] 她曾因在约翰·卡索维茨（John Cassavetes）执导的电影《面孔》（*Faces*）
　　中的表演而被提名奥斯卡金像奖。

使得他们更像考古学家。但缺点是，当你谈论与人类有关的故事时，很多内容是无法量化的。"

事实上，卡林正在向大家阐释一个正确的故事讲述方式。其重要之处在于我们没有第二种选择的余地。讲故事与历史的关系有点像采访与新闻业的关系，都是一个有瑕疵但无可替代的过程。身处社会中的我们习惯于通过故事来了解世界——即使我们并没有习惯于此，神经学上的证据也足以证明我们大脑的左半球会自动将信息加工成一个可解释的靠谱故事。[1]这就是人们理解世界的方式，即使我们想通过故事了解更多的事情。所以哪种叙事方式更可取呢？是严格依靠可证实的事（即使这使得故事缺乏内在完整性），还是应该认真地解释事件（后者往往会把历史变成精辟见解）？卡林认为，前一种方法论越来越占据统治地位。除非发生无法预测的学术大逆转，否则你便可以推断出，这种以事实为导向的偏见只会势头猛增。它最终将成为未来历史学家研究美国当代历史的唯一方式。这将描绘出另一幅与我们现在确切的经历截然不同的画卷。

在我们的电话谈话接近尾声之时，卡林和我开始谈论罗纳德·里根（Ronald Reagan）。"查克，我不知道你持何种观点，但是我经历了那段时期。"50岁的卡林说道，"我根本不理解英雄崇拜，我也从

---

[1] "在我看来，正如一些人所言，作为一种讲故事的动物，人类正是因为这个（左脑）系统而试图不断保持故事的内在连贯性，即使这些行为很可能出于无意识。"2011年，加州大学心理学教授迈克尔·加扎尼加（Michael Gazzaniga）在接受杰森·戈茨（Jason Gots）的采访时表示，"为什么人类总是喜欢小说？是否因为我们已经在自己的幻想世界里思考过意想不到之事，而使得我们对这些事情的发生早已做好了心理准备？"

未注意过英雄崇拜。"随后，我们细数了里根总统在任期间产生的各种问题，即把超级富豪所缴纳的最高边际所得税率从 70% 降至 28%，（卡林认为）这是里根对苏联解体的撒手锏。"苏联垮台的原因是在于它所运用的体制是为 20 世纪初设计的模式，无法与 20 世纪后期所发生的必要变革融会贯通，"他解释道，"对我而言，里根所预见到的结果几近疯狂。"对富人减税、对工会的束手无策以及对商业的管制放松，这些内容往往是里根总统任期内最常被总统学者明确提到的问题。事实上，他是一个糟糕的总统。但是这与一些显而易见的观点相抵触。"我认为，如果你随机调查一群美国人，"卡林承认，"很多人会认为里根来自拉什莫尔山。"即使逝世多年，里根仍然是一个非常受欢迎的领导人，至少那些他在世时就喜欢他的人是如此。1984 年，他战胜沃尔特·蒙代尔（Walter Mondale），这是选举史上最一边倒的胜利，他以 63% 的支持率结束了大选。他是一只超级刺猬，执着于唯一一个信念：如果人们对自己的领地持保有态度的话，那么其他细节都无关紧要。但有一点——为了使一切合乎情理，你记忆中的里根积极活跃。你要记住，我们现在看 20 世纪 80 年代是兴旺昌盛的，但那时候人们的感受可能并非如此。主流大众文化的方方面面都表达了这个观点。20 世纪 80 年代还是很繁荣的，即使当时你自己穷困潦倒。具有讽刺意味的是，卡林没法和里根的政治遗产达成一致，因为对那个时期的记忆，他脑海中是一片空白。他无意识地运用了一种以事实为依据的感知，就像那些（目前尚未出生的）历史学家一样，他们将在 2222 年主宰当下的世界。那些历史学家将在回顾 20 世纪 80 年代时，假定美国民众一定产生了某种大规模的错觉，促使他们自我

毁灭地崇拜总统，事实上总统却使国家变得更糟。那些历史学家将会
客观地把里根定义为一位糟糕至极的总统……当然，这不包括他担任
总统的 8 年时间，那时，他受人爱戴、战无不胜、富有情感、说服力
强——在离任后的 25 年里，他最热忱的信徒真诚地建议把他的脸雕
刻在南达科他州的一座山上。除了赫尔岑这个自出版狂人之外，此举
没有任何叙述意义。

3

然而，这些说明性的例子只是一小部分而已。2000 年的大选离
现在还不到一代人的时间（我写下这句话时，那些在当晚出生的人仍
无投票权）。里根的成败是历史的一部分，但这仍然是近代史——在
未来的 25 年间，他会被视为一名现代总统，遭受多人折腾，就像在
总统办公室那些爱折腾的人一样。即使那些权威人士最终退出历史舞
台，里根的功绩也会因人的评判而增加或者减少，仅仅因为他持有一
份每年要被重新归类和想象的工作。我们对总统的看法如流沙，就像
自 1971 年以来每年 9 月赛季开始前对 20 支大学橄榄球球队进行重新
排名一样，（不知为何）排名顺序从未相同。当我上大学的时候，每
一个人都告诉我，尤利西斯·辛普森·格兰特（Ulysses S. Grant）
是有史以来最糟糕的总统。但是我们现在认为格兰特只是水平欠佳
而已。因为詹姆斯·布坎南（James Buchanan）已经成为这个问

题的首选答案。在 2014 年的最后一天,《美国新闻与世界报道》
(*U.S. News & World Report*）将格兰特列为有史以来第 7 位最糟
糕的总统,几乎和威廉·亨利·哈里森(William Henry Harrison)
旗鼓相当,后者只担任了 31 天的总统。我不知道这是怎么发生的。
如果格兰特能设法一直保持沉默的话,那么他可能会变得相当正派。
他可以超越格罗弗·克利夫兰(Grover Cleveland)!

　　当我们选错了总统(或者说我们记起某位难胜其任的时候),某
些事情就会发生,但没有什么是无法挽回的。如果布坎南是最糟糕的
总统,他的失败对当代社会的影响不亚于《好汉两个半》(*Two And
A Half Men*)的停播。大人物不会拘泥于个人的个性。从政治科学角
度来看,他们会对一些想法深思熟虑——有些杰出的观点永远不会改
变,不管受到何种非议。它们是诸如私有财产、言论自由和选举此类
观念,这些元素已经渗透美国的文明结构中,以至于我们在一个非学
术的环境中(甚至只是处于思想实验阶段时)从未认真地讨论它们的
价值。然而,如果我们对这些想法认识错误,如果我们对主要的价值
观的认识是错误的,那么最终所付出的代价将是灾难性的。我们只需
要等待那场势不可当的灾难发生,就像西海岸等待地震一样。

　　每几个月,文化领域都会发生一些事情,迫使人们相信这就是美
国的宿命。也许有总统候选人认为埃及金字塔是用来储存小麦的;也
许麦莉·塞勒斯(Miley Cyrus)在音乐颁奖典礼上舔了别人的脸;
也许耶鲁大学的一名学生出于对万圣节展示出来的对服装的恐惧而坚
持认为大学不应该是一个知性空间。这些都变成了一个寓言,而在当
地新闻和互联网上那些跟风的人必将暗示这个短暂的事件预示着美国

正在经历自己"罗马帝国"的衰落。总是存在这样的比较。自1776年英国历史学家爱德华·吉本（Edward Gibbon）出版《罗马帝国衰亡史》（*The History of the Decline and Fall of the Roman Empire*）以来，杞人忧天者一直受到罗马崩塌的困扰。也许是巧合，该书出版的那一年与美国宣布独立发生在同一年。正是其绝非偶然地成为超级大国的事实让美国关注其（可以说是）"与众不同"之处。它并不是从先前的体制发展而来的，只是其创始人唯一能记住的体制。我们的创建之初从零基础开始制订计划、实施战略，并一直延续到最后，考虑到目标的不可能性，几乎所有人都赞同地认为开国元勋们做得非常棒。但是，这里的关键词是"不可能"。那个时代的人 [即使这个人像詹姆斯·麦迪逊（James Madison）一样尽职尽责] 无法预测接下来200年后的世界会发生何种变化（也无法预测今后200年会发生何种变化，因为身处中间位置的我们都无法做到这点）。这个逻辑引出了一个奇怪的问题：如果美国最终崩溃，那么这种崩溃会是宪法本身所致吗？如果可以理性地指出不可能创造一份能历经100年、500年甚至5,000年社会演变考验的文件，那么这是否意味着今天美国病态化地遵守该文件最终将会毁灭一切？

只要人们的答案是否定的，那么他们就会明确地回答这个问题。

如果他们的回答是肯定的，那么答案就包括了一大堆模棱两可的限定条件。评价宪法有点像评价战争英雄一样——你总是需要先恭维几句。抨击宪法无异于抨击美国，这意味着公然批判的人会言论过激，使得其随后提出的所有观点都被视为极端主义。当宪法受到批判的时候，法院对宪法的解释往往不受人们认可。但是，如果你一直追问研究过宪法缺陷的人的话，他通常会承认，任何一份文件的最大优势在于文件本身与其存在的缺陷有着固有的联系。就拿杰伊·D.韦克斯勒（Jay D. Wexler）这样的人来讲，韦克斯勒是波士顿大学的一名法学教授，他曾写了一本名为《奇怪的法条》（*The Odd Clauses*）的书，书中研究了宪法中最奇葩的 10 条条款。他把对文件整体性的赞赏拓展至对其特性的关注。

"可想而知，这种体系所造成的僵化很可能真的使我们遭受毁灭——这可能使政府无法对某些重大事件做出恰当反应。但更可能的是因为它以一种难以辨认的方式逐渐地削弱了我们社会、文化、经济的看法，使得这个国家无法维持自身优势，更加无法迎接未来的挑战。"韦克斯勒表示，"各州和地方在塑造儿童教育方面发挥着至关重要的作用，这点非常不错——除了某些州为了慰藉创始论而淡化科学教育。最高法院可以驳回他们认为与宪法相悖的法律，这点除了使那些旨在促进制度更加公平的竞选财务法无效之外，其他方面都非常棒。国会两院都必须同意通过立法，这很好，除非其中一院以拒绝通过预算的手段来挟持整个国家。如果在遥不可及的未来，我们发现自己不再是一个超级大国时，我们非常有可能会将这一切归咎于宪法结构，是它给明智开化的政治经济政策设置了重重障碍。现在，我不知道这些批评是否合情合理。我很高兴那时候自己早已不在人世。"

韦克斯勒指出宪法的薄弱之处，一些弱点建立在假设基础上而且稍带戏剧性（例如，假使其设置的重重障碍使得总统无法在我们争论风险时向要用核武器攻击我们的敌人宣战，那该怎么办呢），而有些弱点则比其没有重大缺陷的逻辑实用性更久存于世（例如，无论人口多少，加利福尼亚州和罗得岛州在参议院中的代表权相同）。但几乎像所有不是"伊斯兰国"成员的世界公民一样，他很难想象最受欢迎的宪法细节[《权利法案》(the Bill of Rights)以及不可剥夺的自由向往]怎么就被视为阿喀琉斯之踵，即使这些细节曾确实如此。

"我要把宪法中我们谈论最多的部分（对自由平等的保护和第十四条修正案）与构成政府框架的那部分加以区分。我认为，更有可能的是，如果我们在回顾自己对宪法所作出的奉献时深感遗憾，那么令我们感到追悔莫及的很有可能是某些结构性条款，而非与自由和平等相关的条款。宪法中自由和平等的条款措辞含糊，无论在遥远的未来我们对此提出何种非议都可能被看作是针对最高法院的条款解释，而不是针对条款本身。"韦克斯勒说道，"现在，如果因为这些条款，有人揭竿而起或者指使他人炸毁白宫从而煽动一系列导致国家毁灭的事件，那将会怎样呢？或者有人在没有遵循米兰达警告（Miranda warnings）[1]的被捕者重获自由后炸毁白宫，这又会怎样呢？我们真的要将这些灾难归咎于第一条修正案和第四条修正案吗？如果人们最终把责任归咎于与这些条款有关的人或事的话（这本身就是个重大假设），那么，我认为人们会指责最高法院和那些对具体内容进行修改的意见，一旦意见被采用就会带来灾难性后果。厄尔·沃伦（Earl Warren），而不是詹姆斯·麦迪逊，将成为真正的罪魁祸首。"韦克斯

---

[1]"米兰达警告"也称为"米兰达告诫"，即犯罪嫌疑人、被告人在被讯问时，有保持沉默和拒绝回答的权利。全文为"你有权保持沉默。如果你不保持沉默，那么你所说的一切都能够作为你的呈堂证供。你有权在受审时请一位律师。如果你付不起律师费的话，我们可以给你请一位。你是否完全了解你的上述权利？"——译者注

勒进行的划分正确无疑。宪法中有些原则神圣不可侵犯，无论发生何事，这些原则都不会受到直接批判，因为其自身在逻辑上无懈可击，任何后续问题都是由一些人运用不当所致。就这点而言，我和其他人保持一致。在绝大多数时候，我自然倾向自由高于一切。我竭力说服自己喜欢作家约翰·洛克（John Locke）。无论在内心深处还是在思想层面仍旧有此感觉。但是，我的脑海里也有一种声音在说服自己，默默地问道："为何我会如此坚信？"我担心这可能是因为我从未允许自己去质疑那些因显而易见而毋庸置疑的问题。

"我们真的要指责第一条修正案吗？"韦克斯勒煞有介事地问道，他倒不如给所有事情都加上个前置短语。答案当然是否定的。这条修正案最受人欢迎，这是绝大多数美国人唯一可以表达的情感。然而，它的功能却有特效。它让个人和组织的言论自由不受政府所限（这点至关重要，特别是如果你想每周组织一场自以为是的聚会，成立一个有利可图的教派或者组建一个以 N.W.A. 命名的嘻哈组合）。但是在资本主义社会中，如果政府没有从中获得既得利益的话，任何表达诉求都只是空谈。如果有人发表一篇文章，讲一个笑话或者上演一个具有悬而未决观点的剧本的话，没有人会加以阻挠。如果某种表述并不涉及国家安全的话，政府根本就不会在乎。但是如果有足够多的消费者声称受到侵犯，那么他们会立刻让这位艺术家保持沉默。他们可以向广告商请愿，排斥艺术家举办的招待会，运用经济手段把他或她从所使用的平台上扫地出门，仅仅因为所有表述平台都以经济为基础。在这种情况下，实际表现与技术意图相对立：作为美国人，我们一贯看不起那些对言论施加法定限制的欧洲国家——但是，只要这些国家的言论者做得不出格，那么言论就相对不受限制（即使这些言论并不受欢迎）。

有人会说，这种交换是值得的。可能时间将会证明并非如此。

4.

《独立宣言》（*The Declaration of Independence*）比宪法诞生要早 11 年，但是前者没有任何立法权。尽管如此，我们一想到美国就会想到居于其核心地位的宪法，很多美国人认为第二段中的"我们认为下面这些真理是不言而喻的：人人生而平等，造物者赋予他们若干不可剥夺的权利，其中包括生命权、自由权和追求幸福的权利"这句话的出处来自宪法。现在，人们总是对这句话吹毛求疵：句中使用"人（men）"而非"人民（people）"一词，事实上，当时写这句话的人是有奴隶的，文中把上帝加入这种完全没有宗教色彩的情境之中，而托马斯·杰斐逊（Thomas Jefferson）明智之处在于把这些非专有名词的首字母大写。但是这些问题（也许奴隶部分除外）很容易因时代的认可而发生偏离。这样（为适应现代性而加以调整）的大前提"不言而喻"。

即使无论从实践上还是理论上看这完全错误。

指出其在实践中的非真实性轻而易举，甚至不需要举例说明；你所要做的就是观察不同种族和相反性别的美国公民所遭遇的社会经济经历。但是对那些经历大致相同的人而言，情况则大不相同。以居住在同一城市、同一区域且具有相同收入水平的两个白人为例，假定他们在执法、金融方面被同等对待，且在未来会遇到同样的老板。尽管如此，他们仍然不平等。其中一个会更聪明；另一个会更帅气；一个会更努力工作且关心他人。[1] 即使在纯粹的精英体制中，他们的幸福水平也不尽相同。"并不是说，我们生来平等而生活境遇使我们的生活不平等。"卡尔·奥韦·克瑙斯加德（Karl Ove Knausgaard）在其非虚构小说《我的奋斗 2》（*My Struggle: Book 2*）中这样写道："恰恰相反，我们生来就不平等，生活境遇使我们更平等。"现实的不公平不能归咎于我们对"不言而喻"规则的无能为力。如果我们这样认为的话，那么这个世界同样不公。

我意识到，对此前声明有一种自然反应，这与我 15 年前的反应如出一辙："有意识地误读信息，杰斐逊并非表示人人平等。"他强调的是，每个人都应受到同等的法律保护。对此，我当然深表赞同（因为没人会持反对意见）。但是，理论上来讲，这并非是对此进行思考的方式。它多半被当成某种象征，这意味着它是虚幻的。这就是问题所在。有时，我在琢磨美国政治文化支柱是否真的只是一堆共有幻境的集合，这些幻境要么最终无人相信，要么因无法承受其自身非现实之重而坍塌。这想必是一切的终结（或者至少是对那些历经坍塌的人而言，这意味着一切）。

---

[1] 在我还没孩子之前，我认为在人的性格塑造中先天和后天因素起到同等作用（而且略微强调社会因素）。现在有了孩子之后，我却一点也不这样认为。遗传因素占据 75%，甚至更多。

美国的建国立业之人都是些执迷于自由的疯子。这是他们唯一关心的事情，所以他们把自由塞进万事万物之中。这点可以理解，因为他们正在脱离君主制。但也有点疯狂，因为他们迫切需要宗教自由，这一切基于以下前提：欧洲人并不虔诚，而这些建国元勋需要不受世俗法律（它们要比其他任何政府所出台的法律更为苛刻，其中就含有烧死女巫的规定）的约束。如果在群居的刺猬当中，总以老刺猬自居的那部分刺猬认为自由大于一切，那么这些老刺猬在群居生活中一定不幸福。

但是，我们怎么知道这些呢？

事情并非总是如此。长期以来，许多智者 [其中最有名的要数柏拉图（Plato）和他的《理想国》（*The Republic*）] 都不会下意识地像这样进行思考。

"如果在两个群体发生冲突时，其中一个群体思想的合理性遭受质疑，"卡林表示，"这些在冲突发生之后才出生的人只会擦擦额头说'谢天谢地，这场冲突终于结束了。看看我们现在被推到什么位置了吧'。这些后来得出的观点其实都受了我们记忆力的局限。当我们谈论资本主义的专断时，就要看看近代历史为我们呈现的例证。它们不是如何良好运作的成功例证，无论是希特勒还是其他人。因此我们没有很好的例子来证明资本主义是如何成功运作的。"

我必须承认，这样想很奇怪，这样归类更令人匪夷所思。似乎我在辩解："民主并不完美，所以我们不妨稍微尝试一下法西斯主义。"但我也意识到，自己对这种想法深感不安，这也折射出其潜在的错误——这种错误潜藏得如此之深以至于自己只有用潜意识进行自我说服时才能真正进行思考。西方世界（尤其是美国）赋予自身过多的民主概念，以至于他人总是期待我们对民主所附带的一切内容都无条件地予以支持。以投票为例。每一个想投票的人都应该完全照做，而我不会干涉他人做其他事情。但奇怪的是选民对非选民的态度极其恶劣。他们会说："这是你作为公民应尽的责任。"尽管投票的目的是保持社会的自由，人们可能会回应说，一个自由的社会不应该强求人们参加一项非强制性的公民活动。他们则会辩解道："但是你的一票很有分量。"当然，人们通常都会这样认为。这（通常）也无疑是对的。但是，认为自己一票能够带来有意义的转变，这本身也折射出一种深不可测的唯我主义。在前面提及的 2000 年总统选举期间，即使你曾在佛罗里达州的一个最闭塞的县城非法投上 20 张票也对选举结果没有任何改变。"但如果每个人都这样认为呢？"他们这样辩驳道。这是最愚蠢的争论——如果一个国家的政治行为是建立在随便某个人的行为基础之上的话，当然那个人并不会违背规则进行投票，这正如某个人的举动可以对社会整体行为发号施令也不会违反规定一样。但世界并非这样运转。"好，很好。但是如果你不投票，那么就不会抱怨。"事实却恰恰相反——如果你参与民主，你就是在验证民主进程（及其结果）。如果你投票，那么你就不会怨天尤人。"其他国家的人为了投票选举甘愿冒着生命危险。"我能说什么呢？这是一个崇高的举动，但未必是一个很好的决定。

这些欠缺说服力的技巧取得何种成功，总会存在奇怪之处，即他们会淡化选举投票的整体价值，其中包括候选人所进行的辩论。如果你想增加自己所投一票的分量，关键在于说服其他选民待在家中。但是没有人这样做，除非他们正积极专注某次选举。对任何一个个体而言，选举是一种象征性行为，拥有其他人一致认为的责无旁贷的虚幻权力。这也是为何选民想让其他人参与选举的原因，即使这些人不学无术、懒惰散漫，从未参与政治。这也是为什么我将在儿子第一次在电视旁观看选举时就告诉他，选举至关重要，它是美国人经历的深刻外延，无论出于何种糟糕理由，他都应该适应社会，习惯接受（当然，直到自己无法这样做）。

5.

在我看来，很大程度上，贝拉克·奥巴马是我一生中遇见的最杰出的总统。

我意识到，这并非全世界普遍持有的观点，不仅仅局限于那些认为自己出生在肯尼亚的人。在奥巴马任期还剩一年的时候，《纽约杂志》（New York）邀请了53位历史学家参与奥巴马的民意测验，其中大多数人对他的评价不高。几位历史学家指出他不具有核心凝聚力。其他人在称赞奥巴马医改计划的同时批判其总统办公室权力的膨胀。但是这些批评使我想起某人在看待汉克·艾伦（Hank Aaron）的职业生涯时总会关注他的投掷臂和跑垒。奥巴马不仅是历史上第一位黑人总统，他娴熟睿智地打破了这种从未有黑人当选总统的看似疯狂的壁垒。实际上，他极其顺利地突破了这一屏障，以至于其中一些参与民意测验的历史学家认为，他的肤色最终将成为其总统职位的脚注，正如只有天主教会在出版刊物上引用约翰·F. 肯尼迪是名天主教徒的事实。在我看来，这样的类比有问题（我之所以这样说，是因为所有人的职业生涯都是建立在有问题类比的基础上）。虽然奥巴马政府细节举措终将沉寂，但是唯有其核心成就赫然耸立——他天赋聪颖，战胜了原本使其不复存在的种族主义。对我而言，此举似乎显而易见。

尽管如此，我是那种可以明辨大是大非的人，在辨别伟大总统时尤是如此。如果我在争论美国历史上最伟大的总统，那就是华盛顿与林肯间的对决，而林肯阵营中的人必然会提到他解放了奴隶——我承认，这的确是一个重要举措。但我会习惯性地反驳道，华盛顿所做的事情更重要，他开辟先河：放弃了自己成为国王的机会，使得总统职责比其他任何人当总统时都更为重要。结果证明，这从未真正发生过。没有证据表明华盛顿曾有机会当国王——要知道光是专制的这种可能都会令华盛顿及其同仁嗤之以鼻——很难想象这一议题出现在谈判桌上会是何种境地。我想，这像是华盛顿的所作所为，正如还是青壮年的他不会否认自己无缘无故冰冻樱桃树一样。华盛顿拒绝王权属于"实用主义神话"的范畴——无论讲故事的人持有何种政治立场，这则故事会给予他们支持，因为所有人对核心思想（也就是说，政府构思问题，即使它让某些人错过重点）都深表赞同。一旦存在全国性争议，你就可以看到其他实用主义神话在其中的运用。有人会从言语上或者行动上冒犯某些群体，被冒犯的人会因此强调这是不爱国的表现，有伤民主。冒犯别人的人则会回应："实际上，我这样做正是出于爱国之情，因为我在维护民主。你多加阻挠才是不爱国的表现。"两者来回争论，双方都宣称在相同的哲学问题上占据精神核心，却从未有人考虑一种可能性——其观点（真正潜在）的价值既不是荒诞至极的爱国主义也不是民主，更不仅仅是 18 世纪某些戴着假发的自由主义狂热之徒碰巧选择的系统。

在此，我重申，我也是这样。当我声称自己这一生中遇到的最优秀的美国总统是奥巴马时，我使用了自己不费吹灰之力就完全接受的标准，这一切都是由我在无意识的情况下所界定，即国家乃至世界最美好的设想是代议民主最纯粹的表现形式。事实上，这正是我所坚信的。然而，除了意识到我的思想情感不受自己左右之外，我不知道自己为何对此深信不疑。柏拉图曾谦逊地将民主视为"迷人之物"，并暗示民主会"一视同仁"，当我看到这句引文时，第一反应便是此举令人担忧、愚昧无知。但是柏拉图仅仅表示，民主是个试图把公平幻想强加于从组织层面就完全不公的社会秩序中的好主意。我不太清楚，包括我自己在内的人会怎么对此提出异议。如果真正热衷民主思想的话，你会将此拒之门外的。

在极少数情况下，当宪法在非学术环境下受到质疑时，批评会变得尖锐。例如，人们常说，第二条修正案早已过时 [1]，与为了组建自卫队而需要步枪的原始需要没有任何逻辑关联。或者会说，第十四条修正案把作为具有不可剥夺权利的独立个人的条件延伸至集体层面已然受到压制性意图的摆布 [2]。有人开始抱怨，让我们修改文

---

[1] 这千真万确。
[2] 这千真万确。

件从而在当前增加其效力（因为我们生活在当下，没人愿意从头开始）。但是，有时我会换个角度思考美国。在这个国家崩溃几个世纪之后，我把美国想象成书中的一个章节，在美国灭亡的数百年后，我们将会使用像当初描述西班牙无敌舰队在 1588 年失败时那样随意的语言来描述美国的消亡。在我的脑海中呈现出如下场景：人们对所发现的某个国家加以描述。这个国家是以一份毋庸置疑的文件为基础而建立的。虽然人们可以变更文件内容，但是修改的工作甚是艰难，以至于在 200 年里仅仅修改过 17 次（其中一次修改还是为了撤销之前的变更）。尽管这个国家疆土不断扩大，人口积极攀升，城里人和乡下人相距千里毫无共同点可言，但是这篇不到 5,000 字的文件却被单方面地予以运用。自由和选举代表权是文件的根本要义，即便这个国家 65% 的财富掌握在 5% 的人手中。但是，这份文件因其言简意赅、结构完整，呈现了将人一视同仁的乌托邦而令所有人都爱不释手。它受到人们深深的敬重，以至于无论发生何种变化、做出何种改变，人们都决定坚守下去；人们禁止其伟大之处受到任何贬低（或是质疑），如果政治候选人这样做的话，就不会竞选上市议员以上的职位。即使这个国家延续了 2,000 年之久，民众也会坚定不移地决定永远使用这份文件。

回顾一下，如果它无法奏效，那它就不会像今天这样光芒万丈。

现在，我们有更好的选择吗？我是没有。如果乔治·华盛顿真的有机会称王的话，我并不认为我们把王位交给他后生活会变得美好，因为这就意味着我们现在会被弗吉尼亚的某个恰巧是乔治·华盛顿远房侄子的富人所统治。这有点像一种温文尔雅的寡头政治产生了最具理论性的价值，但是与它未曾发挥过实际作用（实际情况是，他们不会一直温文尔雅）的事实相矛盾。有时候我会把美国国家元首想象成一个懒散至极但道德高尚的自由主义独裁者，并且认为"那肯定会让一切变得更加容易"，即使我想不出除威利·纳尔逊（Willie Nelson）之外的其他合适人选。我不打算推翻任何人。我不是机器人。我并非表示，我们关心宪法，分散政府权力，以民主如何起作用这类不真实故事强制推行平等错觉等行为是"错的"。我只是按照自己的中心刺猬来思考，美国的最终失败可能不是我们所看到的问题以及所造成的冲突所致，而很有可能是我们对自认为无懈可击、臻于佳境的美好事物执着信念的结果。**因为只要时机成熟，所有优势都会沦为劣势**。

But
What If
We're Wrong ?

但是如果我们是对的呢？

1996 年，约翰·霍根（John Horgan）出版了《科学的终结》（*The End of Science*），那时他成为《科学美国人》的特邀撰稿人已有十多年。一年后，他被这家杂志社解雇。根据霍根的说法，他的老板认为他的书已经导致了广告收入的下滑。直到你听到霍根亲口讲述他书中内容，才会认为其说法言之有理。

　　"《科学的终结》的论点为科学是其自身成功的牺牲品，"他在霍博肯的家中告诉我，"科学发现了某件事情，然后它又继续发掘下一件事情。所以我们有日心说，发现了地心引力和基本力学、原子电子及其他、进化论以及以 DNA 为基础的遗传学。但是，随后我们便走在了科学的前沿，这里仍然有很多有待探索的空间。还有一些内容我们可能永远也不会发现。大多数有待我们去探索的东西都是建立在过去发现的基础上。它们不是那么振奋人心。我相信，人们对大自然真正的大彻大悟已经终结，对未来革命性发现的希望已经实现。我之所以从事科学记者工作，是因为我认为科学研究是人类做过的最酷的一件事。因此，如果认为追求知识是人生最重要的事情，那么如果一切结束，这又意味着什么呢？"

　　现在距离《科学的终结》的发行已经过去了 20 多年。霍根又写

了另外的三本书，同时担任史蒂文斯理工学院科学写作中心的主任
（有趣的是，他又以博主的身份回归《科学美国人》）。书中的中心论
点是，人们已经基本解决自然界的重大问题，而那些遗留下来的真正
重大问题可能仍无人可解。上述论点要么出于愤世嫉俗，要么由于务
实主义而被边缘化，具体取决于读者的参照点。但是，自 1996 年以
来，没有任何事情可以证明霍根是错的，除非你把在火星上水的发现
囊括在内。当然，20 多年并不是很长，尤其对一名科学家而言。尽管
如此，值得注意的是，如何保持对话情形不变。在《科学的终结》一
书中，最吸引人眼球的部分是霍根对爱德华·威滕（Edward Witten）
的采访，后者是普林斯顿大学的教授，被视为最伟大的物理学理论家
[根据 2004 年发行的《时代周刊》（Time）显示，他至少是最聪明的
物理学理论家]。在那次采访中，威滕提到的首要问题之一是霍根不
负责任地撰写托马斯·库恩（Thomas Kuhn）个人档案，这与 2014
年奈尔·德葛拉司·泰森在和我对话中批判库恩时所使用的逻辑观点
如出一辙。

现在，这两次采访至少有一个显著的不同：我的问题是科学是
否可能会出错。霍根认为，科学完全正确无疑，以至于所剩内容均
是边边角角的细节问题。然而，这两个方面在实现的过程中都可能
存在尴尬处境。如果对我的问题予以否定的话（对霍根问题予以肯
定），那么社会就会面临一个新的奇怪场景：当前我们对现实世界的
看法也是我们对现实世界最后的看法，而我们今天的立场也将是我
们永远的立场。

"论文写作是我常给（史蒂文斯理工学院）学生布置的一项作

业，"霍根说道，"问题如下：'在未来的某个时候，我们当前的理论会像如今亚里士多德理论给我们的感觉一样愚蠢吗？'学生们总是无法达成一致。其中，许多人在后现代主义的影响下，认为知识是由社会构建的，并且坚信知识革命将会一直存在。你甚至听过主流科学普及者的说辞，他们总是在说科学的前沿永无止境。我觉得这种说法极为幼稚。这就好像认为地球勘探永没有终点，我们可能仍然会发现消失的亚特兰蒂斯城或者恐龙生活在地球核心内。我们现在发现的越多，未来可供发现的就会越少。现在，对许多人而言，这就像一种天真的科学思考方式。我曾经觉得这很幼稚。但这仅仅是科学本身成功所致。我们的时代与亚里士多德的时代没有任何可比性。"

霍根所提出的内容则有些抵触，他批评科学的同时又赞美科学。他就像威滕和泰森一样，抨击库恩的相对主义哲学，坚持认为某些知识是真实可靠、不可否认。但是，他也表示，知识的获取受内在局限，我们基本上已经达到上限，现在大量的科学探索只是追求名利的形式罢了，并不会动脑思考（这有点像库恩说的"常态科学"，但是并没有范式转移）。"科学将沿着文学、艺术、音乐和哲学走过的道路走下去，"霍根写道，"它将变得更加内省、主观、分散并痴迷于自身的方法。"从本质上讲，这将是一个永久性争论，焦点便是无法改变的现实。而且像所有思辨现实一样，这看起来可能要么非常棒，要么就超级差。

"当我写完《科学的终结》时，我得出结论，其实人们一点都不关心科学，"霍根说道，"他们根本不在乎量子力学和宇宙大爆炸。对大众社会而言，我们对科学主题的兴趣是微不足道的。人们更感兴趣的是如何赚钱、寻求爱情以及获得地位和声望。所以我不确定以后的科学世界和今天的世界是否不同。"

立场中立：这种结果是所有可能的结果中最疯狂的。

2.

我在和霍根交谈的时候得知，他刚刚写完第五本书《战争的终结》（*The End of War*）（其争议性相对较少），本书反驳了战争是人性不可避免构成部分的这种假说。思想源于他 20 多年前在写《科学的终结》时的一次谈话。那时，他正在采访弗朗西斯·福山（Francis Fukuyama），后者是位政治科学家，以他 1989 年发表的论文《历史的终结》（*The End of History*）最为知名。这篇文章的标题具有欺骗性，因为福山多半认为，自由资本主义的民主政治将接管世界。到目前为止，此种观点尚未发生在经济领域。然而，令霍根震惊的是福山关于无问题社会如何运转的观点。福山认为，一旦人类解决了所有问题，就会毫无理由地发动内部战争，而且几乎乐此不疲。"这种想法源自原始决定论，"霍根坚持认为，"此种信念认为，过去发生的一切总会在未来重演。对我而言，这种观点很是愚蠢。"

在这一点上对霍根观点的支持程度反映了你对人性的乐观程度（霍根坦率地承认他的一些观点可以归为"传统的忧郁派"）。但可以肯定的是，福山的观点更为普遍，尤其是那些拍摄反乌托邦科幻电影的人。无论《复仇者联盟：奥创纪元》（*Avengers: Age of Ultron*）、《黑客帝国》《终结者》（*Terminator*）系列电影，还是像《战争游戏》（*War Games*）这样技术粗糙的电影，都不可避免地出现一个可预见的主题：一旦机器有自我意识，就会试图毁灭人类。这样的情节设置会带来逻辑犬儒主义的潜在困扰。我们假设计算机只会理性行事。紧接着，我们变化猜想，人造机器会杀死所有人类，这意味着这必须是最合理的决定。因为这样的情节是由人类设定的，机器人的制造者并不会信以为真。

从推测规模的另一面而言（或者就同一层面而言），如果你是一个特别悲观、令人讨厌的家伙，而且是奇点（the Singularity）的支持者，那么科技社会的演变超乎想象以至于任何形象化的尝试无异于浪费时间。奇点是人工智能领域一种假设性的飞跃，是我们不再过度依赖过时的"生物智能"，让我们进入一个如此先进的共享技术领域，以至于我们在当今世界都无法将其识别。未来学家雷·库兹韦尔（Ray Kurzweil）是该主张最著名的倡导者，他在指数增长模型基础上推断此种情况将发生在 2045 年。但是这很难令人接受。每个人都一致认为，库兹韦尔是个天才，他的模型具有数学意义，但是没有人相信这种情况会在自己的有生之年发生（几乎所有人的生活都平淡无奇）。但必须指出的是，库兹韦尔刚开始认为这种情况会在 2028 年发生。

与博斯特罗姆的模拟假设和虚幻时间假说阴谋论相比，奇点的前提是如此令人生畏，以至于如果不把它视为不可能，就无法对其进行合理思考。该理论最令人诧异的细节之处在于描绘出人脑的全部内容并将其下载到服务器上，从而实现永生——我们可以在一个巨大的虚拟世界中生活，不受身体的局限（库兹韦尔公开表示想用逝世已久的父亲的 DNA 碎片和详细生活记录为其创造化身）。我们可以对大脑中产生内心感受的部分进行数字化处理，从而产生我们还活着的感觉。这显然会在深不可测的神学和形而上学方面造成困境。但是，即使其最切合实际的方面也是错综复杂、路径开放的。如果我们把自己所有的思想下载到互联网上，它们（我们）就会成为互联网本身。我们的大脑化身可以自动访问虚拟世界的所有信息，所以我们可以知道所有应该知道的信息。

但是，我想我们已经有了指南版。

3.

因为我终生从事媒体工作，我很有幸出生在 1972 年这个时期。虽然我的体验并非独一无二，但无法替代：我的职业生涯开始于一个（完全）没有互联网的世界，而我将在一个（基本上）只存在互联网的世界中结束自己的职业生涯。在 1991 年的夏天，我开始在报社工作，那时整栋大楼并没有互联网，当时有一个机构认为拥有互联网是个极其愚蠢的想法。如果我想要发送一封电子邮件，我必须到街对面的公共图书馆去用一台连接到调制解调器的电脑（直到 1995 年你才可以这样进行选择）。从新闻从业者的视角来看，过去的时代和我们现在所处的时代千差万别——以前，我一个早晨打的电话比我现在两个月打的都要多。但是这些不断发展的实际情况在刚出现的时候我们就已经有所察觉。可用信息的扩大和通信速度的提升对所有人而言都显而易见。我们会经常提及。更令人难以辨认的是，互联网如何在潜移默化中彻底改变人们的思考方式，包括那些和互联网没有任何关系的内容。

鲍勃·迪伦在其自传《编年史》（*Chronicles*）中（略微）解释了创作像"汤姆·约德（Tom Joad）"这样 16 节长诗的动机，即仅仅为了记住复杂事物。迪伦出生于 1941 年，他重视死记硬背。20 世纪 80 年代我上小学的时候，这种记忆方法就已经销声匿迹了 [《宪法》（*The Constitution*）导言、《葛底斯堡演说》（*The Gettysburg Address*）和整篇祈祷文是我唯一被迫逐字逐句死记硬背的内容]。但是，在我生命的头 25 年里，智力的概念与强大的记忆紧密相连。如果我与一位年长者讨论 1970 年的肯特州枪击事件的话，我不得不听从他的分析，这基于一个合理的事实，即他经历过发生枪击事件的时候，而我却没有。我唯一的备选方案是看一堆关于此次枪击事件的书籍（或者一部纪录片），然后有意识地记住自己从这项研究中学到的内容，因为我再也无法轻易接触到这些数据了。也有人认为（据说是即兴讲话），对于枪击事件每个神秘细节，没有一个政党百分之百地确认无疑，但是某些关键细节比其他细节更重要。所以，聪明之人对历史有种宏观感受，认为它并不完美，并且会自主学习历史。这里存在一种逻辑循环：任何特定记忆的重要性都因存在于某人记忆中而获得证实。

　　但是，互联网随后开始把收集到的所有内容编入索引中，包括意见、评论以及其他主观虚构。这是海明威式的风格：循序渐进的（在1999年我完成了第一本书的大部分创作内容，而且当时互联网没有发挥一点作用），随后忽然之间，2005年这本书竟然在维基百科中有了一席之地。在20世纪90年代后期，对主流消费者来说，互联网仍然遥不可及，很难看出无限制的色情内容、梦幻橄榄球、纳普斯特（Napster）和根除旅行社代理之间的思想关系。博客的兴起把分散至各地的犹太人重新联系到一起，诞生了现在被公认的互联网之"声"。然而，这个声音只占方程式的一半，另一半是随互联网而产生的心态。第一批成功的博主来自不同的社会阶层和亚文化族群。虽然作为一个集合体，很难对他们进行定义，但是他们确实有一个不可否认的共同点：根据定义来讲，他们很早就开始使用技术。在大多数人关注互联网为何物之时，他们就已经融入互联网。在大多数情况下，早期习得兴趣不仅仅局限于计算机。他们就是1989年喜欢垃圾摇滚的那部分人。他们是订阅了《雷枪》（Ray Gun）杂志的人，强调自己是如何在《宋飞编年史》（The Seinfeld Chronicles）还未更名为《宋飞正传》时就开始观看此剧的。这些都是穿着英超球衣去参加《死亡幻觉》（Donnie Darko）剧场首映的人。他们是自以为第一个知道某些事情的消费者（虽然这样做只是为了耍酷而已，但是这往往是为自己参与其中而找的借口）。这是他们感性认知不可或缺的一部分，而且会产生巨大的涟漪效应。

　　在21世纪初期，人们坚信博客将成就下一拨作家，不少博客签署了大额度的图书交易协议。除了少数引人注目的特例，无论在商业上还是在评论界都鲜有成效。缺乏才能并非问题所在；问题在于写博客文章和写书之间没有任何心理渊源。两者都需要打很多字，但仅此而已。书中的话早在该书出版前一年就已经诞生，20 年后其表达的内容仍有意义。网上的句子保质期只有一天，这一天也是这句话诞生的日子。第二天早晨，它将被（多个作者）重写。互联网的创作甚至和报纸写作都没有什么相似之处，因为没有实物可以用于界定最初时刻的重要意义。[1] 然而，这种局限性并非败笔，反而是一种优势。它与早期所运用的知晓一切的识别力自然而然地联系在一起。即使互联网在追忆往昔文化时，它仍在搜罗"历旧新闻"。1986 年的一段视频剪辑并不充满活力；媒体想要的是出自 1985 年的一段晦涩视频剪辑，并把众人熟知的那段视频囊括其中。结果便产生了现代的永恒之感，把过去和现在不断融合，塞入同一个固定视角。都固定在同一个视角。这使得它看起来就像已经存在于当代的临时观点，今天我们相信的内容与人们一直所相信的没什么两样。我们过去所思考的内容与我们现在所想的并无差距，因为我们今天的现实幻境并没有超越昨天。

有些荒谬的是，这正是我们可能正确的原因所在：我们要做的就是一如既往地自我说服。现在有一台机器可以让这一切简化。

---

[1]《芝加哥每日论坛报》(*Chicago Daily Tribune*) 无法把"杜威击败杜鲁门"(*Dewey Defeats Truman*) 这样最出名的头版标题重新出版。他们只能默默忍受。

4.

"我常常犯错,"讽刺家和评论家 H. L. 门肯(H. L.Mencken)说道,"我存在许许多多愚蠢的偏见。我的目标是自由愉快地工作而不是判断事实。"要不是门肯常常公开表示他将要表述的观点一文不值的话,这种说法真令人哭笑不得。

这点我明白。我明白他的意思,有时候我也会联想到这句话:既然我们内心的想法(终究)是随意武断、毫无意义,我们不妨好好想想自己的喜好。这对像门肯这样反对美国参与二战并憎恨富兰克林·罗斯福的人而言尤其重要。他非常乐意承认,自己强烈支持的观点并非以真实数据为基础,因此基于事实数据的决定实际上只会令他沮丧。即使这种世界观现在以讽刺的方式呈现于众,也会令人嗤之以鼻。但是它正悄然成为一种思考万事万物最自然的方式,这要归因于势不可当的技术革命:我们现在可以随时接触一切可能的事实情况,但这和什么也接触不到没什么两样。

在 20 世纪 80 年代的内陆,戴夫·巴里(Dave Barry)曾就修正主义本质发表过深刻的独特见解。他指出,自己还是个五年级学生的时候是如何被告知奴隶制是内战爆发的原因所在。但是到高中时,他被告知内战爆发的原因不是奴隶制,而是经济。上大学时,他明白,内战爆发的原因并非经济而是区域文化渗透。但是,如果他读研的话，他会发现奴隶制（再次）成为内战爆发的原因。[1] 如今，内战是美国历史上最重要的事件，种族是美国最典型的冲突。内战仍旧是一个活跃的话题，因此老师和史学家想从不同的微观和宏观层面上思考这个问题也就不足为奇了，即使最真实的答案再简单不过。但是，如果不考虑该主题重要性的话，互联网可以提供一切让我们做到这一点。它发展迅速以至于这种可以产生连贯幻觉的争论已无演变的必要。

我在写这本书的时候，很多 20 世纪 80 年代像终极战士（the Ultimate Warrior）、达斯蒂·罗兹（Dusty Rhodes）、大管罗迪（Rowdy Roddy Piper）这样的职业摔跤手已经离世。媒体对他们逝世的大肆报道引人深思。讣告把他们描述成传奇人物，这也许就是他们如何被捏造而成的。但是这篇报道的怪异之处在于其不言而喻的观点。从逻辑上来看，这像是对达斯蒂·罗兹的追忆，其中包括如下版本："我们认为这个人无足轻重，但是他的确至关重要。从文化角度而言，我们对职业摔跤存在误解。"因为在 20 世纪 80 年代，几乎没有人认为职业摔跤很重要。即使那些很喜欢摔跤的青少年也未曾认真对待。但这并不是追忆的方式所在。相反，这种不言自明的观点当

---

[1] 我喜欢巴里描述内战修正主义的部分原因是他不小心折射出其自身职业生涯的椭圆轨迹。20 世纪 80 年代，巴里曾是《迈阿密先驱报》（The Miami Herald）的专栏作家，那时他被认为是一位喜剧天才。他获得了普利策奖。但在获奖不久，人们就认为他不那么有趣了。当哥伦比亚广播公司在 20 世纪 90 年代中期拍摄了一部讲述他生活的电视剧时，他的作品开始显得有些做作、不自然。他的文学风格现在开始边缘化，成为所有缺乏原创性报纸专栏作家的问题模板，这些作家渴望变得既古怪又深沉。但是，当巴里逝世后，人们会普遍（并且无可非议）地将其以喜剧天才的身份铭记于心，正如他当初一样。

然认为这些人真的很重要，我们对此欣然接受、深表理解，把达斯蒂·罗兹当作里根资本主义时代所形成的批判家而铭记在心也没有什么奇怪之处。有人曾对此深信不疑，这意味着任何人都可能接受这个观点，也意味着每个人在追溯过去时都可以采纳这个观点，就像他们总是信以为真一样。没有人对摔跤产生过误解，在这方面，我们总是正确无疑。1976 年，雷纳塔·阿德勒（Renata Adler）写了一篇名为《快艇》（*Speedboat*）的实验小说，当时这本书已经绝版。当 2013 年重新出版此书的时候，《快艇》热销，并被看成"年岁已久的新事物"（"千禧之子遇见雷纳塔·阿德勒"成了《新共和》的头版头条）。在两年的时间里，阿德勒重新成为重要的谈话内容，好像她一直都在存在一样。这本书曾尘封了 30 多年。严格来讲，1973 年和 2013 年交织于同一时刻。

关于时间的本质存在一种普遍的哲学争论。辩论的一方认为时间是以线性的方式变化的，这点容易理解。另一方则认为，所有的时间同时发生，这点很难理解。但是用"历史"这个词来代替"时间"这个词，这种现象在互联网上屡见不鲜。如果我们按照一片无边无际的汪洋浅海而非一条河流的方式对诸如艺术、科学、体育、政治这类事物的轨迹进行思考的话，那么就不会犯这种集体性错误。所有切实可行的想法和各种可能性叙述可以同时存在，社会中的每个新生代都可以挖掘出一大堆先例来支持他们当下得出的结论。如果用一句话来解释，这似乎有点耸人听闻。但这也许是因为我对现实的看法受线性思考局限。

我逐渐开始崇拜爱德华·斯诺登（Edward Snowden），这位前政府雇员泄露了数千份机密文件，现在已流亡海外。当初，我并不相信斯诺登，直到我看到纪录片《第四公民》（*Citizenfour*）。当然，《第四公民》是非客观地讲述了斯诺登的故事，该片由其随行记者拍摄。它是一部宣传片。但是，如果不相信斯诺登动机的真实性和他中心论点的坚韧性，你就无法观看斯诺登的讲话。相比美国政府而言，我更相信斯诺登。但是，他在《第四公民》中得出了一个看似荒谬而错误的论断：在讨论早期互联网的伟大之处时（那时尚未用互联网实施监控），他强调，世界上某一个角落的小孩可以和另一个地方名副其实的专家进行匿名讨论，"并且他们的想法可以获得同样尊重"。对我来说，这听起来不像一种恩惠，更像是浪费时间和精力，至少对于这些名副其实的专家如此。这种观点类似于几个 11 岁的波兰小孩在一个对等的平台上匿名讨论爱德华·威滕，仅仅因为有一台机器可以让这一切成为可能，这似乎和让狗投票是一个道理。但是，我想这是因为自己仍旧无法接受威滕大错特错，无论我多么努力。我的意思是说，如果我们发现了公元前 340 年一个 11 岁女孩和亚里士多德的谈话记录，女孩告诉他石头想坐在地上完全是无稽之谈，那么我们就会用她的名字来命名一所大学。

But
What If
We're Wrong ?

唯有忏悔者方可通过

一群人正在吃吃喝喝，虽然他们在一起，但并非真正在一起。有些人彼此了解深入，而另一些人则完全形同陌路。在整张桌子上，若干小范围的对话取代了成片大范围的对话。我就坐在这张桌子旁。我说了什么并不重要，或者更确切地说，可以归为细枝末节，因为早晨醒来的时候我并不清楚自己前天晚上说了什么。想必，我对一些显而易见的事物深深表示了怀疑，或者向大家说明最不合情理的场景一定最引人入胜，抑或谈论了以荒诞现实化为基础的假设危机。我之所以这样说是因为最终有人（我曾与其有一面之缘）加入了我半私人式的谈话，她说道："一想到这个世界的本真面貌我就感到毛骨悚然。"

　　"你的意思是？"我问道。对她接下来所说的话我只能记住大概内容，大致有如下几点：绝大多数人看待世界的角度都有问题，如果以此作为自己衡量世界的标尺则很可怕。认为每种标准信念只不过是教条形式而现实并不真实的想法令人恐惧。她以一种非对抗口吻进行分析，彬彬有礼，像是真切关心我的福祉。我的回应大致为"我真的不是这样想的"，因为我认为自己并没有像她想的那样思考。但是，我可能确实像她想的那样。我明白她想表达什么，而且我意识到，从她的角度而言，如果对显而易见事物有一丝一毫怀疑的话，则是一种很恐怖的生活方式。

有一条普遍接受的推理路线可以让普通人不失自己的想法。这是一种自动的精神反射。推理的第一部分是对不可能事物的欣然接受：我们认为未来不可知和宇宙中某些问题并无解的原因可能在于这些答案根本就不存在。第二部分在于对有限真理的强势接纳：不得不承认，我们确实可以对绝大多数无法证实的言论深表赞同，不管它是客观（美国政府没有策划"9·11"事件）、主观 [费奥多尔·陀思妥耶夫斯基（Fyodor Dostoyevsky）比杰奎琳·苏珊（Jacqueline Susann）更优秀]，还是唯心的（"杀不如偷、偷不如骗、骗不如懒"）。这有点类似于相比陌生人我们与生俱来地更加信任亲朋好友，即使我们亲身经历告诉自己应该反向而为。对于一无所知的人，我们无法无条件地相信，因此在熟悉的人面前我们会有高度安全感，即使常识告诉我们应该反其道而行之。如果生命的 90% 难以预测，那么我们需要拥抱剩下一目了然的 10%，以免觉得生命是个冷酷无情、难以掌控的笑话。这是朴素实在论的根源所在。与其说是知识层面的失败，不如说是摆脱存在绝望的情感避难所。

但没必要这样。

拒绝接受某些人信奉的真理是否存在一定危险性（或者说是一种愚蠢）？事实上，这些真理就一定是对的吗？

当然是对的，如果你把自己思想绝对化的话。如果我因为科莫多巨蜥坐在客厅微乎其微的数学概率而不曾出门的话，这会是极其愚蠢的事情。如果我的新邮差告诉我他的名字叫托比，那么我就不会要求看他的身份证。但是，我认为向反向极端发展会导致更大的弊端——

这种意识形态越来越普遍，使人们认为自己所相信的内容正确无疑。请注意我使用了"弊端"这个词语而没有使用"危险"这个词语，因为我认为生活在错误前提下的人们并不认为自己信以为真的内容存在危险。大多数日常问题都微不足道，日久见真知、未来见分晓。然而，这种想法对社会有害无益。它掌控对话，中止思想，让人产生朴素的错觉，使思维僵化之人从中获益。它令原本糟糕的社会体验雪上加霜。

如果你现在写一本集体犯错可能性的书，那么当你解释自己在干什么的时候，人们必然会问你一些问题。首要问题是："你会写气候变化吗？"现在，出于多种原因，我决定不这样做。主要原因在于根据文献记载地球气候不断变化，自人类存在以来，现在大气中的碳含量已达到最高，而且其中二氧化碳的含量与全球的工业化崛起密切相关。温度记录和空气测量都是难以推测的问题。但是我不这样做更潜在的原因则是自己深知这样做会使得写一些与此话题哪怕有一点关联度的非争议性观点落空。它只会沦为一场带有讽刺意味的党派之争，争辩着接受（或否定）全球变暖核心概念意义。这只是其中一个问题——至少在任何公共论坛上——只存在两个方面：全球变暖正在发生并且将会带来毁灭性灾难（对此，一些人矢口否认，这难道不是疯狂之举吗），或者全球变暖并未发生，没什么可担心的（那些对他被告知的一切信以为真的人难道不疯狂吗）。没有可供第三条路径发展的知识空间，即使这条路径可能更接近大多数人冥冥所思：虽然这种情况正在发生，但是我们略微高估了或完全低估了其真正结果。换而言之，地球气候正发生变化，生命也因此而发生改变。人口中心将两极分化。盛产小麦的不再是堪萨斯州而是曼尼巴托。海平面将迅速上升，吞噬曼哈顿南岸，因此越来越多的人将迁徙到锡拉丘兹和奥尔巴尼。最终，伦敦的平年均温度（45 华氏度）可能接近开罗的年均温度（70.5 华氏度），但是英国社会将在这些不利的条件下找到一条生存之路。或者，甚至连悲观主义者也可能变成乐天派。可能这一切都太迟了，破坏难以逆转，而且人类的时间是有限的。尽管，在过去 20 年里，国际社会一直在减少碳排放量，但是大气中的碳含量一直在增长。也许我们又到了所谓的第六次灭绝（the Sixth Extinction），没有回头路可走。也许阻止这种情况发生的唯一办法是立刻大规模地淘汰所有生产碳的机器，这无异于把所有工业送上断头台，那将导致同等程度的混乱，这也是我们一直以来竭力避免的。这也许就是人类终结的方式，也许根深蒂固的自我毁灭倾向正是我们无与伦比的大脑进化的阿喀琉斯之踵。**如果某个问题不可逆转，那么是否有道德义务来扭转它呢？**

这是一个艰难无望的虚无主义问题，但并非毫无意义。它需要有人提问。但是在现代非黑即白的文化中，这种矛盾心理在公共对话中并没有一席之地。第三条路线是二元论的共同敌人。在接受气候变化存在的同时质疑其所造成的后果则被视为对科学的单纯否定，是对非科学现状的盲目接受。没有任何一方想听到这些，因为这才是人们真正需要感觉到的内容，其中缘由往往与天气无关。[1]

---

[1] 有几位朋友读过本书初稿，建议我把气候变化问题完全删掉。他们证实了这一点，却与我编辑的想法截然相反（后者建议我保留此内容，并且对人们需要对这个特定问题感觉正确背后所存在的心理因素进行深入挖掘）。最终，两派意见我都没有接纳。

2.

　　我经常在网上看到一句短语，尤其在我的妻子指出它频繁出现之后。这个短语就是："你做得不对。"它最初是搞笑图片，但后来变得与众不同；它先是成为一种新闻用语，但很快沦为陈词滥调。一则眼镜广告词说道："嘿，戴眼镜的，你这样戴是不对的！"一个关于观看媒体电视节目人数的故事则被命名为"网飞收视率：你这样做是不对的"。《新闻周刊》（*Newsweek*）的标题是"你淋浴的方式百分之百错误。"《时代周刊》在一则关于厌恶自动取款机付费问题的银行故事的开头这样写道："你这么做是不对的，大多数美国人根本就不付钱。"随机挑选的这几个例子都是出自同一个月份，并且每则消息都普普通通。可以说，这只是进行解释说明的一种捷径方式而已，也许你认为我应该欣赏这句话，因为它似乎意识到人们可能正在重新思考一些曾被广为认可的假设。但事实并非如此。每当你看到一些用"你做错了"来定义自身的内容时，难免会支持另一种截然不同却特定有限的方法。当你看到"你做得不对"这句话时，其中潜在含义如下："我做的是正确的。"这句话已经成为争论任何事情的普遍方式，在话语网络文化中尤为如此，此时对他人想法的回应（拒绝）在话语中起支配作用，与某人自身观点相抵触。

　　有一段时间，《智族》（*GQ*）杂志每月都会刊登一期名为"佳能素材"的影视专栏。在专栏里，会有一位作家评价一部当代电影并声称这部电影值得被奉为经典。如今，这并不是一种创新性的批判方式。

它将永远处于探索中。但是这个概念仍然困扰着人们，主要是因为作家娜塔莎·瓦格斯·库珀（Natasha Vargas-Cooper）在第一次写关于《终结者2》（*Terminator 2*）文章时就将其使命做如下描述：让艺术繁荣兴盛是每一代人都应该承担起的责任，放手过去，为自己的卓越成就欢呼……让我们挣脱历史的束缚，无视经验的羁绊，解析在此之前所创作的任何一部电影。比如说，1986年已经获得它应有的尊重并继续前进……历史不会告知我们电影的价值所在；你没必要为了感受《冰血暴》或《独立日》（*Independence Day*）中迷人魅力而去观看戈达尔式电影或加里·格兰特（Cary Grant）的喜剧。电影是一种大众艺术，无论他们看过《猎鹿人》（*The Deer Hunter*）与否都应该对电影有各自见解。

作为杂志专栏的前提，除了认为《独立日》并不是很糟糕外，其他观点都不错。似乎某个更年轻版的自己开始创作并有所信仰。但是它好斗式的语调激怒了那些严肃（并且自我较真）的观影者，这也许是偶然情况（尽管我对此深表怀疑）。它营造了一种"你做得不对"的浓重氛围。这个提议并不是说一些现代电影与那些符合旧标准的电影一样好，但是要考虑到大家"义务"去重塑电影业的伟大。从表面上看，它似乎有意规避了历史，专注于新电影的价值所在，这有助于提高我们思考艺术形式的能力。但事实却适得其反。它也许会产生很多小念头，却消除了诞生伟大思想的可能性。最简单、最明显的例子（又）是《公民凯恩》。是否有人认为《公民凯恩》受到高度评价、引人深思，也许是时候转移到其他方面了呢？完全如此。但是这么做可以消除一大堆必要争议。《公民凯恩》中的很多古板的吹捧都是以在

1941 年前从未出现过的结构手法为中心。众所周知的是，这是第一部观众可以看到房间中天花板的大型电影。尽管这似乎是一个无关紧要的细节，但是由于在此片的摄影师格雷格·托兰德（Gregg Toland）之前没有人可以找到一个合适的方法将天花板拍摄在内，《公民凯恩》用一种无形的现实主义结构实现了时代的超越。那些可见的天花板是标志着有意义的现代化进程，却往往受到 21 世纪观众的忽视。此种进步引发了一系列问题：这在革新之前是否仅仅是时间问题，还是说它必须来自托兰 [而且如果奥森·威尔斯（Orson Welles）并没有独具慧眼的话，革新也会发生吗]？无论在哪种情况下，那些发明家是否会比后来使用这些发明的人拥有更大声望呢，即使后者所采用的方式更加有趣？原创比我们自认为的更举足轻重还是更微不足道呢？

　　当然，我们在批判地思考电影时不用担心那些抽象内容，正如能否看到天花板并不影响我们批判性思索电影一样。一位作家想怎么设置情节障碍和局限就怎么设置。但是，当你这样做的时候，你并非真正在书写权威观点（这并不是问题所在，除非这是专栏的前提条件）。

　　我不想过于强调这一点，因为我为杂志写过文章（其中也为《智族》写过数千字），我知道这个过程是如何推进的。我认为在此目标是创建一个影视专栏，专注于读者已经看过的电影，因此人们提出了一个傲慢的理由来解释为什么这样做（放大了原因解释，从而营造某种权威感）。在一个如此诚实的世界，专栏的标题应该是："这些都是我们即兴发挥的电影影评"。正是这次特殊的尝试阐释了某种渐进的学识模式，从而引起了我的注意：人们有意识地决定用一种新型思维方式取代某种思维方式，尽管两者可以同时共存。我意识到某些特定思维方法会过时。但是过时的方法对解读过去的时代至关重要，这也是它们唯一存在过的时光。

3.

　　每个周末，我的数字视频录像机都会自动录制《麦克劳林团体》（*The Mclaughlin Group*）节目。每周日的清晨它会在纽约播出，但是由于我渴望逃避现实，所以我更愿意在周二或者周三的晚上观看。1986 年，我还是名高一新生，那时我就开始观看《麦克劳林团体》。自此之后，我就没错过一期节目。这是一个由约翰·麦克劳林（John McLaughlin）主持的辛迪加公共事务节目，他现年 88 岁，可能在本书出版的时候已经不在了。当然，我希望他仍然和我们在一起。我想要他活在我的生命里。几乎没有什么东西可以像他每周主持的节目那样给我带来如此低风险的乐趣。这个节目将自己编排成一场政治圆桌会议，以"最敏锐的头脑""最优质的资源"和"最尖锐的对话"为特色。显而易见，这三种表述并不真实，尽管很难区分哪个细节是最假的，尤其是，"最优质的资源"是模棱两可 [1]，而且"最尖锐的对话"在任何非色情语境中都含糊其词。虽然，表面上这只是些华盛顿官场

---

[1] 这些特殊专家都说最优质的资源，换而言之，这些专家都掌握最优质资源吗？没有人对此进行解释，其实这个问题应该在该节目首次亮相的一周内进行明确阐释，但是 30 多年来，他们一直选择模糊处理此问题。

八卦，但它更接近于一些半知半解的疯子纵观政治学。我的妻子把《麦克劳林团体》称为"喊叫小时"，严格来讲，此称呼并不正确，因为该节目只有半个小时，而不是一个小时。但是，对她而言这可能感觉像是一个小时。

我不能夸大自己对《麦克劳林团体》的喜好程度。这个节目不仅仅是比之前的一些政治秀节目年代更久（无论从文化上还是从结构上都算得上老节目了），更加怪异，而且至少比福克斯、微软全国广播公司和美国有线电视新闻网的所有节目合起来都要有趣三倍。我非常喜欢这个节目以至于我说服了《时尚先生》（*Esquire*）让我写一篇关于 2008 年该节目制作的报道专栏，这是在我职业生涯中唯一一次为了迎合人物个性而进行的创作。从理论上来讲，《麦克劳林团体》应该是由两名保守派、两名自由派外加麦克劳林这位头脑清醒的调停人所组成。但是这根本行不通，因为：（1）麦克劳林曾担任尼克松的演讲撰稿人；（2）其中一位以自由派自居的人是具有亿万资产的媒体大亨莫特·祖克曼（Mort Zuckerman）；（3）帕特·布坎南（Pat Buchanan）几乎每一集都出现 [除非他们突然雇用了莉娜·邓纳姆（Lena Dunham）或者杰洛·比亚夫拉（Jello Biafra），否则无法找到一个像布坎南一样保守的自由派人士]。要说《麦克劳林团体》时常以"陈旧思维模式"进行交流有点像在说埃隆·马斯克（Elon Musk）"表示对未来感兴趣"。但是，圆桌会议迫使我去思考一些通常被忽略的事情，这些事情与政治关系不大，主要是人类与时间的关系。

《麦克劳林团体》会在每周五中午之前录制出来。但是如果此节目在感恩节期间播出则会提前很多天就开始录制，这意味着他们不得不忽略当下的实时事件（因为在录制和播放的空档期间会发生一些至关重要或灾难性事情）。节假日期间播出的节目往往关注一些进展缓慢的概念性问题。未来空间探索便是 2015 年感恩节期间一个经久不衰的主题，特别是涉及火星上发现水源事件以及这对美国国家航空航天局有何意味。听着麦克劳林和布坎南（当时他已经 77 岁了）在一起争论外层空间的状况，让我感到我的电视已经变成了一台时光机。我的客厅变成了 1952 年南波士顿的一间桌球酒吧。他们所说的内容并非有误；而是在电视辩论节目中，现代成年人并不会使用那些言之有理的内容。布坎南不断强调，遥远的天体实际上只是不同的太阳版本，好像这种认识是某种富有争议、改变规则的理论。麦克劳林自己简要地对"宇宙（universe）"和"普遍性（universal）"这两个词之间的关联性进行了语义论证。他们也可以像讨论未来半人马那样轻松地讨论这个话题。当我在观看这期节目时，我想到的是：在某种情况下，如果你活得足够长，你很可能不可避免地看起来几近疯狂。

我的意思是，把你对麦克劳林和布坎南政治方面的看法搁置一旁——这些家伙过去 60 年并非在洞穴度过。麦克劳林获得过哲学博士学位。布坎南拥有新闻学硕士学位，曾为总统拉到 45 万张选票。此外，数十年来，他们一直从事新闻工作，在电视上进行解说。他们是世界的一部分，而且他们因此获得了丰厚的回报。但是，也许对每个人来说这个世界发生了翻天覆地的变化。有时候，我在想，就在工业革命结束之后，社会持续演变的速度就远远超出了人类意识随之进化的速度。对那些无法理解和难以内化的内容，我们只不过表面接受而已。我的祖母出生时，莱特兄弟发明首架飞机就已经飞行了 852 英尺。当她离世时，我们已经多次登上月球以至于公众对此早已失去兴趣。她的一生经历一切。期待任何正常的人在没有感觉（没有完全变得）疯狂的情况下经历这种不断变化是完全不可理喻的。有意识地努力跟上事情发展的脚步可能会变得更糟。

我们的一生都在学习很多东西，（一次又一次地）发现所学习的大多数内容要么是错的、要么无关紧要。我们的大脑可以处理大部分问题，对更小、更深层次的部分则没这个能力。但正是这个更小的部分发挥了更大的作用，因为（无论我们喜欢与否）这部分是真正的自我。

4.

和许多小男孩一样，我疯狂地痴迷于体育统计学，也许因为我是个疯子。虽然我收集《体育画报》（*Sports Illustrated*），但是我更关心《体育新闻》（*The Sporting News*）。我不需要照片而是想要数字。虽然我对数学课并不感兴趣，却想记住这些数字并进行重新计算。我现在意识到，这是我所处地理位置和社会阶层的产物。在我小时候，当地并没有职业篮球队，也没有有线电视。全明星赛（All-Star game）是第一场由电视转播的年度美国职业篮球联赛（NBA），随后还会再打几场比赛，此时至少有凯尔特人队（the Celtics）、湖人队（Lakers）和费城76人队（76ers）中的一支球队参与。每周我只能看到两场半的职业橄榄球比赛：无论维京人队（the Vikings）与谁打比赛，无论下午3点全国直播哪支队伍的比赛[往往是牛仔队（the Cowboys）]以及周一晚上的上半场比赛（因为我晚上10点睡觉）。我与职业体育的纽带主要是通过阅读报纸建立起来的，特别是我会盯着统计数据并且想象球员（往往每年我只能看到一两次这样的球员）是如何遵守这些数据的。在整个孩童时期，我认为体育数据未受到他人重视。我迷恋那些根据统计数据分析应该更加有名的球员[坦帕湾海盗队（Tampa Bay Buccaneers）的詹姆斯·怀尔德（James Wilder）、丹佛掘金队（the Denver Nuggets）的拉斐特·利弗（Lafayette Lever）、巴尔的摩金莺队（Baltimore Orioles）的艾迪·穆雷（Eddie Murray）]。当你还是个孩子的时候，不管他们做何工作，你会觉得自己有道德有义务去拥护那些把事情做到极致的人。所有的小孩子都是时尚的领跑者。我曾认为成人世界在衡量运动员伟大方面做得并不对，看看周二版的《今日美国》（USA Today），对比一下各个专栏数据，许多关于超级巨星相对价值的复杂问题便可迎刃而解，尽管每个电视播音员似乎会不停地提出相反意见。我的父亲和迪克·斯托克顿（Dick Stockton）经常提醒我，统计学无法反映真正情况（那些执迷于数据的球员缺乏诚信）。

在这种特定问题上，看待文化如何进行自身反转是件奇怪而且些许沉闷的事情。现在有一支无限的成人志愿者队伍，他们正是12岁那个尖酸刻薄的我的翻版。分析学的兴起重塑了人们对体育运动的思考方式，尽管他们根本没有意愿进行另一番思考。它已经超越了"你做得不对"这种思维方式。这更像是"你怎么看不出来，托拜厄斯·哈里斯（Tobias Harris）比卡梅隆·安东尼（Carmelo Anthony）更有效率，你这个白痴文盲，这明显就是错的"。在体育酒吧里面没有这种数学白痴。但是，那些久经世故的讨厌鬼几乎 [1] 都是对的，至少在一些可衡量事件上确实如此，这些事件要么在过去已经发生，要么在未来会上演数万次。体育的数值属性使得其特别适合于精确、实用的分析。我完全理解那些拥有球队的人、那些想要获得优势的教练、那些负责平衡特许薪水的管理人员以及（尤其是）那些赌客为什么会对此感兴趣。如果假设普通球迷观看体育比赛只是为了娱乐的话，那么他们对此感兴趣的原因却并不显而易见。

　　青少年时期的我痴迷于统计学的原因在于无法看到足够的比赛，正如许多科幻小说家在小时候梦想成为宇航员一样。统计数据是我想象那些根本不存在的比赛的一种方式。但是，比赛就在眼前。有时候在周四晚上会随机转播 4 场大学橄榄球比赛。我可以看到所有比赛，而且还可以看着这些比赛如何令人诡异。体育比赛是不依赖于剧本为

---

[1] 我加入"几乎"一词的原因在于至少有一件事情分析总会出错：他们拒绝承认"关键射门"或"关键击中得分"的存在。数学告诉我们，"关键"只是一个神话，在关键场合，运动员的表现与其在正常情况下的表现大致相当。这种观点是错的。首先，每个"关键"的情况都是独一无二、与众不同的，所以即使所有技术上细节之处都完全一致，也没有办法把任何两个真实的场景拿来比较。但更大的原因在于，不论打比赛的选手水平如何，他们都清楚关键时刻是真实存在，（即便没有）纯粹出于心理原因也会让其变得真实。我不是那种认为只有打过职业篮球赛的人才能够理解职业篮球的人。这种说法极其愚蠢。但是，你可能确实需要参加某种程度的体育运动 [即便只是一场夏季少年棒球联赛（Little League）]。你会迅速意识到，有些人在压力下会表现得更好，不然你也不会试图说服自己。

数不多的时刻之一。人为因素以混杂、矛盾的方式告知一切。而且这只是比赛而已，由于所有比赛终究都是表演，所以风险总是很低。任何意见都是可行的。人们可以提出任何论点，这是一个自由、虚幻的现实。然而，分析的轨迹却让我们离这一点渐行渐远。分析学的目的在于把每位球员无法转让的价值量化，通过数学计算的方式决定何种战略决策成功的可能性最大，最终为了在比赛开始前确切预测得分，不出现意外结果。我认为这并非一种进步。所存在缺陷并非赛事分析的问题所在；真正问题在于其精准性，并没有人从中受益。在永远不会出错的情况下，这只是为了正确而正确。

事实上，12 岁的我想必也喜欢这一点，这只会更加坚定我的观点。

5.

"但是这难道不是运动意义所在吗？"你可能会这样问自己，就好像我暂时租给你一点思想让你的脑袋不再空空如也。"如果我们无法再活 100 年、300 年或者 1,000 年的话，那么如果我们在不知不觉中把所有事情都做错了（更别提任何事情）的话，那么会有何不同呢？'为了正确而正确'是否是站在明天角度去思考今天的唯一可能动机？如果结果表明 2216 年的市民记住了傻帽冲浪手乐队（Butthole Surfers）而把甲壳虫乐队抛到脑后的话，那么，这对那些永远无法看到这一结果的、已经离世的 20 世纪的人而言又有何不同呢？如果有人最终证实地心引力只不过是一种熵力（entropic force），那么它就不像 20 世纪 20 年代会逆向浮动的混凝土块。对遥远未来细节之处进行推测的唯一原因在于其潜在正确性可以带来某种难以证实的快乐。"

12 岁的我很可能也会支持这个观点。然而，有不止一种途径可以看到这一点。从物质层面而言，对你不曾经历的未来做出正确判断并没有任何好处。但是，对未来存在错误假设的可能性进行不断探索的大有裨益之处在于：谦卑和求知。认为现实超越自己理解能力是件好事，因为的确如此。想象一些无法想象的现实前景是件令人兴奋的事情，因为这样做最接近于全知全能。如果你想要解放思想，那么你不能只是看到论点的一个方面。这样做远远不够。你必须百折不挠。

在过去 10 年里，人们对章鱼再次进行集体评估（此项评估自从 20 世纪 50 年代以来就已经开展，但是直到最近才被大众所接受）。我们现在认识到章鱼可以做许多不可思议的事情，尽管短短 3 年的寿命并没法让它们有太多的学习时间。它们可以打开罐子和门闩，能够思考外来物品的实用性并检验这些物品如何为它们所用。据报道，2015 年，西雅图的水族馆中有一只章鱼试图有组织地逃离自己的鱼缸，被标题党命名为（后来被揭穿）[1]"惊人结论：科学家们经 DNA 研究后认为章鱼可能是外星人"。越来越多的证据表明章鱼比大多数人想象的要聪明得多，部分原因在于大多数人一直把章鱼当作令人恶心的美味傻瓜。然而，这次新评价仍然是在一些目光短浅之人的眼皮底

---

[1]《进化新闻》（*Evolution News*）的网站对此事进行跟踪报道，发表了一篇名为《章鱼基因：虽然不是"外星人"，但仍是达尔文主义一大难题》的文章加以澄清。

小孩认知能力的生物上实在匪夷所思。文特·维尔加（Vint Virga）是名兽医兼有声望的专业动物作家，曾出版过《所有生物之魂》（*The Souls of All Living Creatures*）一书，当我和他提及此事之时，他表示我的观点仅仅局限在过于单纯的智力概念上（而且如果不告诉可可威廉姆斯逝世的消息就太不人道了）。

"我会把动物的认知智力问题搁置一边，将注意力放在动物的情绪智力的概念上，研究显示结果要比我们之前想象的更丰富。"维尔加说道，"和人类一样，动物一生也会经历悲欢离合。你为何要让一只猩猩免于受此悲伤影响呢？我相信大猩猩绝对能够感知失去重要之人所带来的那种痛苦，而且动物比人类更能有效应对悲伤和失去。"

我们来假设一下，维尔加的观点不仅正确，而且被低估。让我们想象一下，深层次的神经学研究显示，逻辑智力与情绪智力之间存在内在的反比关系，逻辑智力高的哺乳动物（也就是人类）往往在情绪智力方面要弱些。让我们再假设一下，使人变聪明的标准认识一直处于不断变化中。早在 20 世纪 80 年代，"情绪智力"这个概念并没有受到重视，尤其没有受到男性重视。今天，大多数行业都认为其与其他学术成就地位相当。百年之后，定性智力可能在单方面要优于定量能力。因此，如果人类断定情绪智力真正举足轻重而同时得出非人物种在这方面要优于人类的结论的话……那么社会将处于极其不安的非平衡状态。我的意思是，人畜关系并不会发生真正改变。人类仍然占据主导地位。但是，（突然间）似乎这种暴力给主导地位打下基础。本质而言，主导地位源于对生拇指（opposable thumb）与"杂牌"智力自我定义的结合，后者使得我们能够居于杀死控制对手的优势地位。[1] 这种现实性以存在的对立性作交换。当前人们相信，（在动物权利团体中）人类对动物的福祉负责，必须保护它们。处于智力顶端的我们不得不为动物着想，因为它们无法独立思考，它们像孩子一样天真无邪。但是，如果动物真的比人类聪明的话——而且如果我们依据智能生物构成标准而毫无异议的话——那么这就意味着我们的主权是建立在薄弱精神和移情失败的基础之上的。这意味着人类不可否认的成功只不过是自己愚蠢自我定义的表现而已。

世界会因此而变化吗？当然不会。这不是一种可以交换的关系。世界将一如既往。我们不会选一只猫当总统或审计官。很难犯这样的错误，假装做错也可能不是件坏事（以防万一）。

6.

在本书的开头（读到这里时这本书也即将结尾），我引用了评论作家凯瑟琳·舒尔茨出版的《我们为什么会犯错》和担任《纽约杂志》书评人时所说的话。在我采访她和写这本书之间的空当期内，舒尔茨曾在《纽约客》发表过一篇文章，这篇文章所获得的关注和其整个职业生涯中所做其他事情所获得的关注不相上下。文章名为《超级大地震》（*The Really Big One*），与卡斯卡迪亚俯冲带（Cascadia

---

[1] 我想有些人可能会认为事实已定。

Subduction Zone）相关，那是一条贯穿太平洋西北地区的断层线。这篇文章的关键在于，认为沿着这条断层线的构造板块断裂，导致周边发生 9.0 级地震，进而引发巨大海啸，摧毁整个地区等这一系列灾难的发生只是时间的问题。根据多名研究人员介绍，太平洋西北部在未来 50 年发生重大地震概率为 33%，发生"超级大地震"的可能性是 10%。美国联邦应急管理局（FEMA）的项目预测，此次地震将导致 1.3 万人死亡。文章中最令人记忆犹新的便是引用了美国联邦应急管理局局长肯尼思·墨菲（Kenneth Murphy）的话，他说道："我们推测西部地区有五分之一面积将被毁灭殆尽"。

这篇报道的发行时间不合时宜。虽然我意识到报道一场致命地震并不存在"恰当时宜"，但是其中的不确定性主要出于人为因素。在过去两年里，我和我的妻子一直在商量搬到俄勒冈州的波特兰去居住，那是我妻子从小生活的地方。她小时候住在 5 号公路向西 25 英里的地方（尽管我担心地震回到那个地方时会用到这张公路图）。每当我们向那些阅读过杂志、收听过美国国家公共电台（NPR）或者居住在纽约的人提及可能移居波特兰的时候，都会问我们："你们难道不担心发生地震吗？"我都会漫不经心地说道："有点顾虑，但是实际上并不担心。"对于这个问题，除非我在写这本书的时候会想很多，其他时候都被抛诸脑后。

核心问题是我们已知想象的稳妥性。从某种意义而言，对地震的思考如同对气候变化的思考一样。这并非真正推测性问题：构造板块发生变化，并且最终也会如此。只是具体时间和特定结果尚不为人知。从另一层面而言，我们的举动（以及其背后的思想动机）沦为了

"你做得不对"这个命题：这篇文章的存在并不会增加灾难发生的可能性；居住在波特兰所面临发生地震的危险和 5 年前没什么两样。也可以将这篇文章视为对分析没有丝毫帮助的案例：虽然我确信在我有生之年，此次地震发生概率约为 33%（或者是 10%），但是，除了知道这些数值以外 [1]，计算的有效性既没有实际应用也没有指导性意义。最重要的是，这也说明了自己思想的局限性和朴素实在论的顽强性：也许我只是从理性上对自己难以理解事件的必然性无法接受，所以我只对自己有所了解的地理风险加以关注，而将那些尚未被发现或者尚未在期刊发表的竞争性风险置之度外。

未来无限可能。

但是，你要知道，至少我们已经习以为常。

2005 年，印第安纳州参议员理查德·卢格（Richard Lugar）向 85 名国家安全专家询问"世界某个角落"发生核爆炸的可能性。他们预测，在接下来的 10 年里，受核攻击的概率约为 29%。如今 10 年过去了，这种假设似乎并没有变成现实。然而，当我们展望未来时，专家的推测似乎有些道理。2010 年，哥伦比亚广播公司做过一篇关于核恐怖主义袭击概率的报道。斯坦福大学荣退教授马丁·赫尔曼（Martin Hellman）（专门从事工程学和密码学方面的研究）预测，该事件发生概率将以每年 1% 的速度增长，50 年后将达到 40%。当然，这里有很难反驳的梯形逻辑。像"伊斯兰国"这样的恐怖极端组织很想拥有核武器，而且其掌握核技术的可能性越来

---

[1] 如果地震致使一个拥有 800 万人口区域中的 1.3 万人丧生，那么我真的会危险重重吗？还有谁？这个概率比我心脏病发作的可能性是高还是低呢？

越大。如果"伊斯兰国"拥有这样的核武器，以我们对其组织精神的了解，他们会立即使用核武器。如果攻击目标不是以色列或者法国的话，那么就一定是美国。根据常识和近期发生的事情来看，纽约和华盛顿首当其冲。因此，如果我认为在我有生之年美国会受到核武器攻击（这很有可能发生），而且我住在纽约（我确实住在这里）的话，我正有意识地让自己的家人生活在可能会受核武器攻击的少数几个城市之一。基于上述原理，我就更有理由搬到波特兰，在那里我们被海啸淹死的概率只有10%。

但是我不这样认为，除非我想说明这不是我通常的思考方式。相反，我在想乔恩·弗兰岑（Jon Franzen）会不会被遗忘，那些不再看电视的人能否记得电视为何物，在我生活辅助设施锐减之时，是否还有能力跟上达拉斯牛仔队（Dallas Cowboys）的节奏。我想到了一个截然不同但又异常熟悉的未来。人们仍然四处走动，争论着艺术和政治类话题，同样意识到每一代新兴人口必然会以新生状态消耗殆尽。我是否会认为当前我们对于当代社会终将被如何看待的假设十之八九是错的？的确如此。但是，我认为这种即将而来的错误性与社会自形成之初就开始所犯的方式大相径庭。正如我在肯塔基赛马（Kentucky Derby）上强调的那样，虽然坚持以二对一的偏好只会输，但是却拒绝做出任何超出"另一匹马可能成为赢家"这样范围的预测。

有人曾经给我讲过一则与天气有关的笑话。（孩子爸爸往往会把这种类型的笑话写在脸书上）前提是，自公元前3000年来，我们一直都在预测天气。美国国家气象局每年的预算费为10亿美元，其中并不包括私人资助的气象机构、军事、地方电视台以及其他对天气感兴趣的特权组织所产生的费用。保守估计，每年在气象学上的花费约达 50 亿美元。结果是，我们天气预测的准确率高达 66%[1]。就社会整体而言，我们的准确率为 66%。但是，如果某个家伙随口一说"我感觉明天天气会和今天没什么两样"的话，那么他的正确率为 33%。因此，我们花费数千亿美元，消耗无数个日日夜夜进行的气象研究所获得的准确率只不过是某个人看看窗外随口而出的两倍而已。（这只是个笑话罢了）我认为这个笑话旨在评论政府的浪费行为，或者是对非理性科学的批判，抑或证明一切都是未知。这也许是全部内容。但是，我一点也不在乎爵士乐。我仅仅希望那个家伙成为幸运儿。我希望天气没什么变化。我已为迎接新的一天做好准备，但只要它和昨天没什么两样就成。

---

[1] 我不知道具体数字的来源出处，也不知道"精准"天气预报的构成要素。由于我对世界缺乏科学观念，感觉俄亥俄州的天气预报员很少出错。但是，要记住，这只是一个笑话而已。别在你的学期论文中引用这句话。

But
What If
We're Wrong

致谢

首先，我要感谢梅丽莎·马尔斯（Melissa Maerz）。如果没有马尔斯的话，其他一切皆无可能。

其次，我要感谢研究员德米特里·基佩尔（Dmitry Kiper），他帮我找到了我需要的内容。

再次，我要感谢和蔼可亲的布兰·朗布尔（Bran Rumble）、持之以恒的丹尼尔·格林伯格（Daniel Greenberg）。我也想对布鲁瑞德出版社（Blue Rider Press）[尤其是大卫·罗森塔尔（David Rosenthal）、艾琳·波义耳（Aileen Boyle）、安娜·贾丁（Anna Jardine）]的全体同仁为本书得以成册出版表示深深的感谢。此外，我还要感谢斯克瑞伯纳出版社（Scribner）幕后的所有工作人员，是他们为我提供写此书的平台。

我真心地感谢在这过去18个月中所采访的每一位人士，感谢他们花时间为我提供各种信息。我要对本书所有出处来源的作者表示谢意（感谢他们那些我只能重复的构思想法）。我也要感谢所有在不知道的情况下帮助过我的人，尤其是詹姆斯·伯克（James Burke）[《变化的每一天》（*The Day the Universe Changed*）的编剧]、吉姆·霍尔特（Jim Holt）[《世界为何存在?》（*Why Does the World Exist?*）

の作者]、乔治·哈里森（George Harrison）[的两首歌《一切必会过去》（*All Things Must Pass*）和《活在物质世界》（*Living in the Material World*）]。

乔恩·多兰（Jon Dolan）、詹妮弗·拉夫特里（Jennifer Raftery）、马特·斯莱滕（Mat Sletten）、鲍勃·艾辛顿（Bob Ethington）、肖恩·豪（Sean Howe）、大卫·吉菲尔斯（David Giffels）、雷克斯·索格茨（Rex Sorgatz）、本·海勒（Ben Heller）、罗伯·谢菲尔德（Rob Sheffield）、布莱恩·拉夫特里（Brian Raftery）、格雷格·米尔纳（Greg Milner）、迈克尔·魏因雷布（Michael Weinreb）、威利·斯特利（Willy Staley）、菲比·赖利（Phoebe Reilly）、阿贾·波洛克（Aja Pollock）等友好之人读了本书原稿的各个版本，对于他们的反馈，我已直接在书中注明。

我也要谢谢我的母亲，因为我再怎么感谢也不为过。

最后，我要来讲讲刺猬：在"关于自由"这一章节中，我花了几页篇幅描述了一段我在亚克朗市公寓的阳台上观察一只刺猬的经历。结果是，我这段记忆中有个问题——刺猬并非北美洲原生动物。在我窗外咔嚓咔嚓啃苹果的动物可能是土拨鼠（可以肯定的是，它确实是某种动物）。我不得不承认这并非一个众所周知的事实，因为近20年来我一直在讲这个故事，但从未有人回应道："嘿，傻子——难道你不知道俄亥俄州没有刺猬吗？"也就是说，我从没有与一位刺猬科动物学家约会过。对于这件事，我感到（些许）尴尬，因为我有一整章节竟是建立在一个自己并没有切身经历过的比喻上。但是，对此矛盾，除了把这本书更名为《但是如果我们错了呢？把土拨鼠当成刺猬来思考》（*But What If We're Wrong?Thinking About Woodchucks As If They Were Hedgehogs*），没有其他任何实际解决方式。

图书在版编目（CIP）数据

如果我们错了呢？ /（美）查克·克洛斯特曼
（Chuck Klosterman）著；裴剑清译. — 长沙：湖南
科学技术出版社，2018.9
ISBN 978-7-5357-9885-5

Ⅰ.①如… Ⅱ.①查… ②裴… Ⅲ.①科学知识—普
及读物 Ⅳ.① Z228

中国版本图书馆 CIP 数据核字（2018）第 177528 号

著作权合同登记号：18-2018-170

上架建议：畅销 · 哲学思维

RUGUO WOMEN CUO LE NE?

如果我们错了呢？

著　　者：[美] 查克·克洛斯特曼（Chuck Klosterman）
译　　者：裴剑清
出 版 人：张旭东
责任编辑：林澧波
监　　制：蔡明菲　　邢越超
策划编辑：刘宁远
特约编辑：朱冰芝
版权支持：文赛峰
营销支持：傅婷婷　　张锦涵　　文刀刀
封面设计：利　锐
版式设计：李　洁
出版发行：湖南科学技术出版社
　　　　　（湖南省长沙市湘雅路 276 号　邮编：410008）
网　　址：www.hnstp.com
印　　刷：三河市中晟雅豪印务有限公司
经　　销：新华书店
开　　本：880mm×1230mm　1/32
字　　数：188 千字
印　　张：8.5
版　　次：2018 年 9 月第 1 版
印　　次：2018 年 9 月第 1 次印刷
书　　号：ISBN 978-7-5357-9885-5
定　　价：46.80 元

若有质量问题，请致电质量监督电话：010-59096394
团购电话：010-59320018